W0171226

Ursula Kopp

Alles Bio vom Balkon

Obst, Gemüse &
Kräuter selber ziehen

Bassermann

Inhalt

Vorwort

Selbstversorgung liegt voll im Trend, der Nutzgarten boomt, Schreber-
gärten haben lange Wartelisten und in den Städten finden sich Gleich-
gesinnte, um Brachflächen in Gemüsegärten umzuwandeln. Warum
erscheinen Anbau und Ernte von Nutzpflanzen aus eigener Hand so
attraktiv, obwohl es in Supermärkten ganzjährig Obst, Gemüse und
Kräuter in Hülle und Fülle aus aller Herren Länder gibt?

Für die einen ist das »Garteln« eine liebgewonnene Freizeitbeschäf-
tigung, denn es ist spannend zu beobachten, wie aus winzigen Samenkörnern üppige Salatköpfe, aromatische Tomaten und köstliche Beeren-
früchte heranreifen und frisch verzehrt oder in der Küche verarbeitet
werden. Für andere haben die Lebensmittelskandale in den letzten Jahren, der Einsatz von Pestiziden und das Bestreben der Agrarwirtschaft,
genverändertes Saatgut zu verwenden, das Vertrauen in den Handel
erschüttert. Bei selbst gezogenem Obst und Gemüse kann man biolo-
gisch gärtnern und somit sicher sein, dass frisches und gesundes Essen
auf den Teller kommt.

Wer keinen eigenen Garten hat, kann das kleine Gärtnerglück auch
auf dem Balkon ausleben. Denn selbst auf kleinstem Raum lassen sich
Nutzpflanzen in Kübeln, Balkonkästen und sonstigen Behältern einfach
heranziehen.

Welche Grundvoraussetzungen für die Bepflanzung eines Balkons
geschaffen werden müssen, erläutert das Kapitel »Mit richtiger Planung
zum Erfolg«. Über die wichtigsten Bedingungen des Gemüseanbaus
informiert das Kapitel »Balkongemüse aus eigener Ernte«. Was der
Kräutergärtner wissen sollte, erfährt er im Kapitel »Ein mobiler Kräutergarten«. Das Kapitel »Saftige Obsternte aus dem Topf« gibt Ratschläge
zu Anbau und Pflege von Kübelpflanzen. Das Kapitel »Nutzpflanzen im
Porträt« stellt 39 Obst- und Gemüsepflanzen sowie Kräuter vor.

Mit richtiger
Planung
zum Erfolg

Mit Pflanzen in Kästen, Kübeln und Töpfen lassen sich selbst auf kleinstem Raum frisches Gemüse, würzige Kräuter und saftiges Obst selbst anziehen und ernten. Damit dies auch gelingt, muss die Anlage eines kleinen Nutzgärtchens auf dem Balkon sorgfältig geplant und vorbereitet werden.

Gut geplant ist halb gewonnen

Die Vorfreude auf die künftige Gemüse- und Obsternte treibt auch den begeisterten Balkongärtner im Frühjahr in Gärtnereien, Gartencenter und auf Wochenmärkte. Nur zu leicht verfällt er angesichts der bunten Vielfalt in einen Kaufrausch, der Misserfolge nach sich ziehen kann. Grundlegende Voraussetzung für einen kleinen, räumlich begrenzten Nutzgarten ist die Schaffung eines Lebensraums, der den jeweiligen Ansprüchen der Pflanzen gerecht wird bzw. genügt. Dazu sind folgende Überlegungen nötig:

- Wie groß ist die Pflanzfläche, die zur Verfügung steht?
- Welche Lage bietet sie an (vollsonnig, halbschattig, schattig)?
- Welchen äußeren Einflüssen ist sie ausgesetzt (Wind, Regen)? Auch die regionalen Klimabedingungen darf man nicht außer Acht lassen.
- Lassen sich unter den Gegebenheiten vor Ort auch die persönlichen Vorstellungen und Wünsche umsetzen?

Den passenden Standort finden

Das Geheimnis des Erfolgs beginnt mit der Wahl des Standorts. Bei der Suche nach dem günstigsten Platz für die Pflanzenauswahl auf dem Balkon sollte man zunächst die regionalen klimatischen Bedingungen im Blick haben. Sie werden in erster Linie durch die geographische Lage, die Geländesituation und die unmittelbare Umgebung bestimmt. So sind manche Regionen durch ein raues, regenreiches Klima gekennzeichnet, was die Auswahl der Pflanzen von vornherein begrenzt. Empfindliche Pflanzen müssen hier an einem geschützten Platz stehen. Auch rund ums Haus unterscheiden sich die klimatischen Bedingungen oft erheblich. Das »Kleinklima« wird zum einen durch die jeweilige Himmelsrichtung sowie die Licht- und Wärmeverhältnisse, zum anderen durch bauliche Gegebenheiten beeinflusst.

Volle Sonneneinstrahlung den ganzen Tag über bekommen Balkone, die nach *Süden* ausgerichtet, nicht überdacht oder verbaut sind. Dort wird es insbesondere in den Mittagsstunden warm bis heiß und es muss viel gegossen werden. Empfindliche Pflanzen können verbrennen, hier gedeihen vor allem die »Sonnenanbeter«, welche die pralle Sonne aushalten können. Für sonnenhungrige Kräuter wie Rosmarin, Salbei, Thymian, Minze und Basilikum ist der Südbalkon ebenfalls der richtige Platz. Optimale Bedingungen bieten *Südost- oder Südwestlagen,* hier gedeihen nahezu alle Pflanzen. *Ost- und Westbalkone* sind nicht der grellen und heißen Mittagssonne ausgesetzt. Der Ostbalkon erhält die weiche Vormittagssonne, der Westbalkon kommt in den Genuss der Nachmittags- und Abendsonne. Allerdings bietet der Westbalkon als Wetterseite oft Sturm und Regen ungehindert Zugang. Der *Nordbalkon* liegt ständig im Schatten. Da hier die direkte Sonneneinstrahlung fehlt, die Regen und Gießwasser abtrocknen lässt, hält sich die Feuchtigkeit oft über lange Zeit in der Erde. Es gibt nur wenige Pflanzen, die sich unter diesen Bedingungen wohlfühlen.

Rosmarin braucht einen Platz an der Sonne.

Wie viel Gewicht trägt ein Balkon

Pflanzerde, Balkonkästen und Pflanzenkübel – wie groß darf die Last auf einem Balkon eigentlich sein? Diese Frage lässt sich nicht eindeutig beantworten, da dies von Gebäude zu Gebäude verschieden ist (zum Beispiel Alt- oder Neubau). Ein Balkon aus Beton trägt mehr als ein Holzbalkon, ein frei hängender weniger als ein eingebauter. Es gibt dazu die Norm-Vorschrift DIN 1055, Deutschlands »Regelwerk für Lastannahmen auf Tragwerke«. Demnach sollte der Balkon eine Verkehrslast von 300–500 kg tragen können. Gemeint ist eine gleichmäßige Verteilung der Dauerlast (Pflanzgefäße, Pflanzen, Möbel) sowie veränderliche Lasten (Menschen). Je nachdem, ob der Balkon frei hängend oder eingebaut ist, fällt die Windlast mehr ins Gewicht. Wie viel Gewicht ein Balkon tragen kann, lässt sich also nur generell beantworten. Die Last von 350 kg pro Quadratmeter scheint ein gutes Mittelmaß zu sein, wenn Pflanzen

Vor der Auswahl und Anzahl der Pflanzen sowie Gefäße muss die Traglast des Balkons geprüft werden.

in einem normalen Rahmen auf dem Balkon stehen. Kommt man bei der Planung aufgrund schwerer und großer Gefäße sowie dichter Bepflanzung deutlich darüber hinaus oder ist sich nicht sicher, zieht man am besten noch einen Baufachmann zu Rate.

Sicherheit und Recht auf dem Balkon

Mit der Bepflanzung von Balkonen sind auch einige Rechtsfragen verbunden. Bei einer Miet- oder Eigentumswohnung in einer Wohnanlage kann der Mieter (oder Eigentümer) den zugehörigen Balkon grundsätzlich frei nach seinen Vorstellungen und Bedürfnissen nutzen und gestalten, sofern dadurch nicht die Rechte bzw. Bedürfnisse des Hauseigentümers und/oder der Nachbarn beeinträchtigt werden. Unabhängig von Mietverträgen oder speziellen Regeln in einer Eigentümergemeinschaft gilt grundsätzlich:

- Der Balkon einer Eigentumswohnung gehört zum Gemeinschaftseigentum, seine Gestaltung bzw. Bepflanzung unterliegt der jeweiligen Gemeinschaftsordnung.
- Sind im Rahmen der Bepflanzung bauliche Veränderungen vorgesehen (zum Beispiel Rankgitter), so muss dies schriftlich mit dem Vermieter bzw. der Eigentümergemeinschaft abgeklärt werden.
- Balkonkästen und andere Pflanzgefäße dürfen aus Sicherheitsgründen (außer im Erdgeschoss) nicht nach außen hängend angebracht werden.
- Sollen besonders viele oder schwere Pflanzgefäße aufgestellt werden, muss die Tragfähigkeit und Statik des Balkons genau geprüft werden.
- Die Bepflanzung darf das Äußere (die Fassade) der Wohnanlage nicht verunstalten bzw. schädigen.
- Das Gießen der Pflanzen muss so erfolgen, dass benachbarte Balkone, die Hausfassade oder Passanten nicht durch Gießwasser beeinträchtigt bzw. geschädigt werden.
- Es ist immer darauf zu achten, dass keine Pflanzenabfälle, die bei der Pflege anfallen, auf benachbarte Balkone oder das Gemeinschaftseigentum fallen.

Zubehör und Werkzeug für den Balkongärtner

Auch zum Gärtnern auf dem Balkon braucht man zum Pflanzen und Pflegen das richtige Werkzeug. Es sollte gut in der Hand liegen, robust und auf die besonderen räumlichen Verhältnisse abgestimmt sein.

Zum *Bewässern* der Pflanzen ist es vor allem auf dem Balkon einfacher, mehrere kleine *Gießkannen* einzusetzen als eine große, die gefüllt sehr schwer und unhandlich ist. Besonders geeignet ist eine Kanne mit langer Tülle, mit der man gezielt gießen kann. Für ein behutsames Wässern von Samen und Jungpflanzen braucht die Gießkanne einen Brausekopf. Wer auf dem Balkon einen Wasseranschluss hat, kann größere Kübelpflanzen auch mit dem *Schlauch* wässern.

Um das Substrat aufzulockern und Pflanzlöcher für neue Pflanzen auszuheben, benötigt man eine *Handschaufel* und *-gabel*. Geräte aus Edelstahl sind langlebig, mit Holzgriff liegen sie angenehm in der Hand und sehen auch noch schön aus.

Auch im Balkongarten muss übers Jahr ausgelichtet bzw. geschnitten werden. Hier empfiehlt sich eine gute *Rosenschere*. Sie muss ab und zu gereinigt, geschliffen und geölt werden.

Zur *Aussaat* von Gemüse oder Kräutern verwendet man am besten Kokosfasertöpfe. Sie werden mitsamt den Sämlingen eingepflanzt und verrotten im Laufe der Zeit.

Halterungen für Balkonkästen sollen nicht nur zu den Kästen, sondern auch zum Balkongeländer passen. Günstig sind verstellbare Halterungen, die an unterschiedlichen Geländern angebracht werden können. Einfache Modelle kann man problemlos an der Brüstung einhängen, Modelle mit Abstandshaltern lassen keinen Kontakt der Kästen mit dem Geländer zu, so werden Kratzer und andere Schäden, sowohl am Kasten als auch am Balkongeländer, vermieden. Wichtig ist vor allem, dass die Halterungen das Gewicht des gefüllten Kastens sicher tragen, insbesondere, wenn die Erde nach Regen nass und schwer ist. *Gartenhandschuhe* sollten strapazierfähig, aber auch »feinfühlig« beim Pflanzen und Ausputzen sein.

Kleine Gefäßkunde

Jede Balkonpflanze gewinnt zusätzlich in einem zu ihr passenden Gefäß. Der Fachhandel hat eine große Auswahl an Kästen, Kübeln, Töpfen und Schalen im Angebot, in unterschiedlichen Materialien und Preislagen. Neben dem persönlichen Geschmack und der Umgebung, in der sie stehen sollen, sind die wichtigsten Auswahlkriterien Material, Größe, Gewicht, Form und Preis. Grundsätzlich sollte jedes Pflanzgefäß ausreichend Platz für das Substrat und die Wurzelbildung bieten. Bei zu kleinen Gefäßen besteht die Gefahr, dass die Pflanzen vertrocknen, da zu wenig feuchtigkeitsspeicherndes Substrat eingefüllt werden kann. Abzugslöcher verhindern, dass sich bei Regen und kräftigem Wässern Staunässe bildet und die Wurzeln verfaulen. Sollen Pflanzgefäße im Winter im Freien bleiben, müssen sie frostfest sein.

Holzkästen sind nicht allzu schwer und frostbeständig. Sie sind allerdings teuer, je nach Holzart anfällig für Feuchtigkeit und dementsprechend pflegeintensiv. Hübsche Holzverkleidungen von einfachen Pflanzgefäßen lassen sich auch ganz einfach selbst schreinern.

In *Terrakottagefäßen* sehen Balkonpflanzen am schönsten aus, da sie südliches Flair vermitteln. Es gibt sie rund und eckig, schlicht rustikal oder mit Ornamenten verziert. Ihre porösen Wände lassen die Pflanzenwurzeln gut atmen. Sie besitzen jedoch ein beträchtliches Eigengewicht, sind nicht bruchfest, häufig auch nicht frostfest und meist recht teuer.

Metallgefäße, zum Beispiel aus Zink mit silbriger oder geschwärzter Oberfläche, sieht man heute öfter. Sie haben allerdings den Nachteil, dass sie sich in der Sonne zu sehr aufheizen und die Wurzeln der Pflanzen verbrennen können. Man stellt sie deshalb eher an einem schattigen Platz auf. Auch sie müssen unbedingt ein Abzugsloch haben.

Kunststoffgefäße haben ein deutlich geringeres Gewicht, sind witterungsbeständig, meist auch frosthart, preiswerter und stehen heute auch in durchaus attraktiven Formen zur Auswahl. Sie zeichnen sich vor allem durch ein gleichmäßiges Innenklima aus. Da die Wände luft- und wasserundurchlässig sind, verdunstet durch sie kein Wasser und es muss weniger gegossen werden als bei Tontöpfen. Die Wurzeln durchdringen das Substrat gleichmäßiger und wachsen erst zu den Wänden hin, wenn das Gefäß zu klein geworden ist. Bei sonnigen Standorten sollte man auch auf eine gute UV-Beständigkeit achten.

Für alle Pflanzgefäße gilt, dass ihre Standfestigkeit (Kübel und Töpfe) bzw. Aufhängung (Balkonkästen) gesichert sein muss.

Das Substrat

Entscheidende Voraussetzung für das Gedeihen der Balkonpflanzen ist das richtige Substrat. In Gefäßen kultivierte Pflanzen müssen mit einem wesentlich begrenzteren Wurzelraum auskommen als im Freien ausgepflanzte Gewächse. Deshalb muss man bei der Auswahl bzw. Aufbereitung des Substrats größte Sorgfalt walten lassen. Vor allem bei langlebigen, stattlichen Pflanzen, die nicht jedes Jahr umgetopft werden, ist eine hochwertige Erde überaus wichtig.

Als *Substrat* bezeichnet man industriell hergestellte Mischungen aus reinen Bestandteilen unterschiedlicher Herkunft im Gegensatz zu einer selbst gemischten *Erde*, die als Basis gewachsenen Gartenboden verwendet. Wie jeder Gartenboden setzen sich auch die Substrate für Balkon- und Kübelpflanzen aus unzähligen Erdteilchen zusammen, die zwischen sich feinste Poren einschließen. Die Substratpartikel binden die Nährstoffe vorübergehend und setzen sie nach und nach frei, während in den Poren Luft und Wasser strömen, sodass der lebensnotwendige Sauerstoff sowie das Wasser mit den darin gelösten Nährstoffen die Wurzelspitzen der Pflanzen erreichen können. Damit die Pflanzen gut gedeihen, muss das Substrat ihnen nicht nur genügend Halt geben, sondern auch über ein ausgewogenes, gleichbleibendes Verhältnis von Poren und Erdteilchen verfügen. Nur so lässt sich die Versorgung mit Luft, Wasser und Nährstoffen auf Dauer gewährleisten. Man spricht

Gute Pflanzerde ist feinkrümelig (links), weniger gute hat auch grobe Anteile (rechts).

dann von der Strukturstabilität des Substrats, was bedeutet, dass die Erde auch nach häufigem Gießen oder starken Regenfällen nicht zusammensackt und verklebt. Darüber hinaus sollte es Nährstoffe und Wasser in ausreichender Menge speichern und wieder abgeben können, damit nicht in kurzen Abständen gewässert und nachgedüngt werden muss. Dies lässt sich durch die Zugabe mineralischer Bestandteile wie zum Beispiel Ton oder Sand erreichen. Natürlich kann nicht jedes beliebige Erdgemisch diese Anforderungen erfüllen. Man sieht auch einem Substrat nicht an, ob es hochwertig ist oder nicht. Deshalb wurden sogenannte »Einheitserden« mit einer fest definierten Zusammensetzung entwickelt. Sie zeichnen sich durch eine hohe Strukturstabilität und gute Speicherkapazität für Wasser und Nährstoffe aus und garantieren eine hohe Qualität.

Einige Pflanzenarten stellen ganz besondere Ansprüche an die Erde. Es reicht bei ihnen nicht aus, für ihr dauerhaftes Gedeihen eine Einheitserde oder vergleichbare Erdmischung durch Zusätze zu verbessern. Hier sollte man Substratmischungen wählen, die genau auf die Ansprüche der jeweiligen Pflanzen abgestimmt sind.

Topfpflanzen bewässern

Da in Pflanzkübeln das Substrat sehr begrenzt ist und schneller austrocknet als tiefgründiger Gartenboden, brauchen Kübelpflanzen auf dem Balkon bei großer Hitze besonders viel Aufmerksamkeit. Trotzdem lässt sich auch hier der ein oder andere Gießgang sparen. Der Fachhandel bietet Pflanzkübel mit integrierten Wasserspeichern an. Auf diese Weise versorgen sich die Pflanzen mehrere Tage lang selbst, sodass auch einem Kurzurlaub nichts im Wege steht. Hilfreich kann auch ein Wasserspeichergranulat sein. Es bindet ein Vielfaches seines Eigengewichts an Wasser und führt es nach und nach an die Pflanzen ab. Grundsätzlich gilt: Alle in Kübeln kultivierten Pflanzen verkraften eine längere Trockenheit besser als Staunässe! Um diese zu vermeiden, legt man zwischen Substrat und Bodenöffnung eine Drainage aus anorganischen Materialien (Tonscherben, Blähtonkugeln, Splitt) ein. Damit die wasserführende Schicht nicht verschlämmt, lässt sich noch ein atmungsaktives Vlies darüberlegen.

Eine *automatische Bewässerung* empfiehlt sich insbesondere dann, wenn man viele Pflanzen zu gießen hat oder häufig unterwegs ist und sich daher nicht täglich um seinen kleinen Nutzgarten kümmern kann. Auch für die Wasserversorgung während des Urlaubs ist ein derartiges Bewässerungssystem geeignet, da es über mehrere Wochen hinweg sicher funktioniert. Sehr praktisch ist eine *Tröpfchenbewässerung,* nicht nur während der Urlaubszeit, denn sie erübrigt das tägliche Gießkannenschleppen. Das System versorgt die Kübelpflanzen über kleine, individuell einstellbare Tropfdüsen bedarfsgerecht mit Wasser. Ein weiterer Vorteil ist, dass sie sich ganz einfach automatisieren lässt. Man schließt zwischen dem zur Verfügung stehenden Wasserhahn und der Hauptleitung einen Bewässerungscomputer an und stellt die Bewässerungszeiten ein. Das Absperrventil des Wasserhahns bleibt dauerhaft geöffnet, denn der Computer verfügt über ein eigenes Ventil, über das die Wasserzufuhr reguliert wird.

Das Projekt einer automatischen Bewässerung steht und fällt mit den Rahmenbedingungen vor Ort, denn das gewählte System muss zu den Möglichkeiten auf dem Balkon passen. Rat und Information, welches der Systeme für den jeweiligen Balkon in Frage kommt, wie es funktioniert, vor allem aber auch für eine fachgerechte Installation bekommt man im Gartenfachhandel.

Bei der Tröpfchenbewässerung befördern kleine Tropfer das Wasser wohldosiert direkt an die Pflanzenwurzeln.

Balkon- gemüse

aus eigener Ernte

Natürlich wird Gemüse vor allem im Boden angebaut. Viele feine Gemüsearten und -sorten lassen sich problemlos auch in Gefäßen kultivieren, einige von ihnen werden sogar eigens für den Anbau in »Kleinstgärten« gezüchtet. Sicher wird man mit einem Balkongarten nicht zum Gemüse-Selbstversorger. Dennoch lässt sich der Speiseplan mit Früchten aus dem Topfgarten wirkungsvoll bereichern. Und das Aroma einer am Strauch ausgereiften Tomate lässt sich mit einer nachgereiften aus dem Supermarkt nicht vergleichen.

Gärtnerspaß und Gaumenschmaus

Für den Balkongärtner steht beim Gemüseanbau oft nicht nur der praktische Nutzen im Vordergrund. Es ist vor allem auch die Lust am reinen Gärtnern, Samen keimen zu sehen und Jungpflanzen dabei zu beobachten, wie sie sich zu fruchtenden Gewächsen entwickeln. Viele Gemüsepflanzen werden deshalb insbesondere auch wegen ihres interessanten Wuchses und ihrer farbintensiven, originellen Früchte kultiviert. Die Blüten einiger Gemüsearten wie Zucchini können es durchaus mit der Schönheit von Balkonblumen aufnehmen. Wem der kulinarische Topfgarten nicht bunt genug ist, kombiniert das Gemüse mit duftenden Kräutern, die gleich das passende Gewürz liefern. Damit der Gemüsebalkon rasch zu einer üppig bepflanzten Oase wird, sollte man den vorgegebenen Raum voll ausnutzen und mit Rankspalieren auch in die Höhe gehen. Kletterer wie Bohnen und Gurken sind dankbar für einen geschützten, warmen Platz an der Hauswand. Auch in einzelnen Kästen können die Pflanzen in verschiedenen Ebenen angeordnet werden. Aufrechte Arten wie Tomate und Paprika werden in den hinteren Bereich, gesetzt. Auf diese Weise wird der Platz optimal ausgenutzt, ohne dass sich die Pflanzen gegenseitig in ihrem Wuchs einschränken.

rechts: Aubergine mit Blüte
links: Zucchini mit Blüte

Die richtige Auswahl

Die beliebten Cocktail-Tomaten lassen auch gut im Blumenkasten ziehen.

Nicht alle Gemüsearten eignen sich gleichermaßen für den Anbau auf dem Balkon. Gerade der Anfänger freut sich natürlich besonders, wenn sein erstes Gemüse nicht allzu lange auf sich warten lässt. Deshalb sollte man sich anfangs vor allem für Gemüsepflanzen entscheiden, die schnell wachsen.

- Tomaten werden am häufigsten auf dem Balkon angebaut und lassen sich in Kübeln, Balkonkästen oder Blumenampeln kultivieren. Da sie keinen Frost vertragen, sollten man mit der Pflanzung erst ab Mitte Mai beginnen. Jede einzelne Pflanze sollte eine Rankhilfe bekommen, an der man sie später festbinden kann. Tomaten brauchen viel Sonne und reichlich Wasser, um ordentlich zu gedeihen.
- Gurken lassen sich ebenfalls sehr gut auf dem Balkon anbauen und brauchen wie die Tomaten sehr viel Wärme und Sonne.
- Ab Mitte Mai kann die Paprika einen Platz auf dem Balkon erhalten. Für einen intensiven Geschmack braucht sie aber unbedingt viel Sonne.

- Radieschen können zwischen April und September ausgesät und schon nach rund vier Wochen geerntet werden.
- Pflück- und Schnittsalat lassen sich ebenfalls gut auf dem Balkon ziehen.
- Zuckererbsen sind leicht anzubauen und somit auch viel günstiger als im Handel zu erhalten. Man sät zwischen April und Juli aus und gruppiert am besten drei oder vier Pflanzen um eine Rankhilfe herum.
- Feuerbohnen sind für den Anbau auf dem Balkon besonders gut geeignet. Sie brauchen auf jeden Fall eine Rankhilfe, können aber auch gut am Balkongeländer emporwachsen. Ausgesät wird zwischen Mitte Mai und Ende Juni.

Paprika

Feuerbohne

Gemüse anbauen und pflegen

Für die sichere Anzucht, das Gedeihen des Balkongemüses und eine reiche Ernte ist die Qualität des Saatguts entscheidend. Bei der Auswahl entscheidet man über Sorteneigenschaften wie Kulturzeit, Farbe, Form, Höhe u. a. Es gibt viele Sorten, die sich aufgrund ihrer kompakten Wuchsform speziell für Kübel und Balkonkästen eignen. Die Pflanzgefäße (aus Ton, Kunststoff oder Holz) sollten möglichst groß sein und mindestens 10 l Volumen fassen können. Alternativ dazu kann man auch einen fertigen Bausatz für ein Minibeet aus Holz besorgen. Wichtig ist ein besonders gutes, nährstoffreiches Substrat. Es sollte Wasser speichern, aber auch durchlässig sein, locker bleiben und den Pflanzen dennoch Halt geben. Spezialerden enthalten Dauerdünger, welche die Nährstoffe nur langsam freigeben, sodass man wenig nachdüngen muss. Bei Fruchtgemüse (Tomaten, Gurken, Paprika) müssen wöchentlich die Seitentriebe ausgekniffen werden, um die Fruchtentwicklung zu fördern.

Tomaten-Jungpflanzen

Bei der Aussaat unterscheidet man zwischen *Saat-* und *Pflanzgemüse*. Saatgemüse (Radieschen, Salat) sät man direkt in das Gefäß, aus dem man es später auch erntet. Pflanzgemüse (Tomaten, Gurken, Paprika) werden zuerst in kleinen Saatschalen ausgesät, dann pikiert oder vereinzelt und später in die endgültigen Gefäße gepflanzt. Samen bleiben durchschnittlich 2–4 Jahre keimfähig, andere wiederum halten nur ein Jahr. Man muss deshalb das auf der Samentüte vermerkte Verfallsdatum beachten, damit der Samen möglichst frisch ist.

Man kann Gemüsepflanzen selbst anziehen oder in Gärtnereien und Gartencentern bereits vorgezogene *Setzlinge* (Jungpflanzen) kaufen. Dabei sollte unbedingt darauf geachtet werden, dass diese gesund und kräftig sind, einen guten Wurzelballen haben und sich besonders für die Gefäßkultur eignen.

Samen müssen gut an-gegossen werden.

Gemüse richtig gießen

Wie viel und in welchen Abständen gegossen werden muss, hängt von mehreren Faktoren ab. Neben artspezifischen Bedürfnissen spielen dabei der Standort und das Wettergeschehen vor Ort ebenso eine Rolle wie Größe und Material des Gefäßes sowie das Substrat. Der häufigste Pflegefehler ist, wenn die Pflanzen ständig zu nass gehalten werden. Davon erholen sie sich wesentlich schlechter als von zeitweiliger Trockenheit. Wann gegossen werden muss, lässt sich am besten mit der Fingerprobe feststellen. Man drückt den Finger etwa 2 cm tief in die Erde. Erst wenn sie sich wirklich trocken anfühlt, muss Wasser zugeführt werden. Wassermangel lässt sich an schlapp herabhängenden Blättern und Trieben erkennen. So weit sollte man es aber nicht kommen lassen, weil die Pflanzen dann oft schon Schaden genommen haben. Meist jedoch lässt sich der »Schadensfall« durch mehrmaliges, durchdringendes Wässern in wenigen Tagen wieder beheben. Das Substrat darf jedoch niemals ganz austrocknen, da sich sonst seine Wasseraufnahme und -speicherkapazität verringern. Der zum Gießen günstigste Zeitpunkt – grundsätzlich nur auf die Erde und nicht auf das Blattwerk – ist frühmorgens, ehe die Sonne ihre volle Kraft erreicht, sowie abends.

Gemüsepflanzen sind hinsichtlich der Wasserqualität nicht anspruchsvoll, Leitungswasser sowie Regenwasser sind gleichermaßen geeignet. Eine Gießkanne mit 8–10 l reicht für einen Gießgang aus. Zum Angießen nach dem Pflanzen ist ein Brauseaufsatz günstig. Wichtig ist, nicht zu schnell und zu viel gießen, damit das noch lockere Substrat nicht aufgeschwemmt wird.

Düngen nach Maß

Die einfachste Lösung für eine ausgewogene Nährstoffversorgung ist es, *Langzeit*- oder *Depotdünger* zuzuführen. Sie enthalten alle wichtigen Nährstoffe und geben diese im Verlauf von etwa 8–12 Wochen an die Pflanzen ab. Eine Ummantelung sorgt dafür, dass die enthaltenen Nährstoffe nur langsam und abhängig von der Außentemperatur freigesetzt werden. Man kommt daher bei vielen Pflanzen mit nur einer Düngung in der Wachstumsphase aus. *Flüssigdünger* wird dem Gießwasser beigemischt und lässt sich in niedriger Dosierung verabreichen. Bio-Flüssigdünger (Plantura) enthalten vornehmlich organische Ausgangsstoffe und sorgen für eine 3-monatige Langzeitwirkung. Als »goldene« Düngeregeln gelten:

- Lieber öfter und niedrig als selten und hoch dosiert düngen.
- Neu erworbene Pflanzen erstmals nach 4–6 Wochen düngen.
- Überwinterte Pflanzen erst düngen, wenn sie kräftig treiben;
- Wurde dem Substrat ein Langzeitdünger beigemischt, erstmals nach 10 Wochen düngen.

Der richtige Erntezeitpunkt

Bei dem eher bescheidenen Ertrag eines Topfgartens ist es wichtig, zur richtigen Zeit zu ernten, denn nur dann bekommt man Gemüse von bester Bioqualität. Bei vielen *Fruchtgemüsen* (Tomate, Paprika, Aubergine) lässt sich der Reifegrad an der Färbung erkennen. Sie werden vollreif geerntet, dann haben sie das intensivste Aroma. Viele Fruchtgemüse können mehrfach geerntet werden. Damit die Saison möglichst lang ausfällt, sollte man bei Gurken, Erbsen, Bohnen und Zucchini immer die jungen Früchte abtrennen. Sie schmecken zarter und aromatischer als die großen. Darüber hinaus fördert dies einen neuen Fruchtansatz.

Salate- und Blattgemüse kann man ersatzweise pflanzen und während der ganzen Saison ernten. Dabei sollte der Salat nicht zu groß werden, damit Platz für neues Gemüse geschaffen wird. Bei Pflücksalat und Mangold werden die Außenblätter frühzeitig fortlaufend geerntet. Bleiben die Herzblätter stehen, wachsen neue Blätter nach.

Ein mobiler Kräutergarten

Für den Balkongärtner können Kräuter eine attraktive Alternative zu reinen Blütenpflanzen sein. Denn sie vereinen Nutzen, Duft und Charme und sind zudem ein Paradies für Wildbienen und Hummeln. Eine kleine Sammlung von Würz- und Heilkräutern findet auch in Kästen und Kübeln Platz. Mit der Ernte hat man immer frische Küchenwürze und kann sich sogar nebenbei eine kleine Heilpflanzenapotheke zulegen.

Was der Kräutergärtner wissen sollte

Im botanischen Sinne sind unter Kräutern kurzlebige, nicht verholzende Gewächse zu verstehen. Die Bezeichnung »Kräuter« hat sich für alle heilkräftigen und würzenden Pflanzen in der Pflanzenheilkunde und Küche eingebürgert. Kräuter werden je nach ihrer Lebensdauer in ein-, zwei- und mehrjährige bzw. ausdauernde Pflanzen eingeteilt. Bei den Würzkräutern kommen noch zwiebel- und lauchartige Pflanzen hinzu.

Bei den *einjährigen Kräutern* erfolgen Keimung, Blüte und Samenreife im Verlauf einer Vegetationsperiode. Spätestens beim ersten Frost stirbt

die gesamte Pflanze ab. Ihr Fortbestand wird durch einen reichen Samenansatz gesichert. Zu den einjährigen Kräutern zählen u. a. Basilikum, Dill, Kerbel, Kresse, Majoran.

Die *zweijährigen Kräuter* entwickeln im ersten Jahr Blätter und Triebe. Dann überwintern die Pflanzen und bilden im Folgejahr Blüten und Samen aus. Zu den zweijährigen Kräutern gehört u. a. die Petersilie.

Bei den *mehrjährigen bzw. ausdauernden* Kräutern setzt das Blühen und Fruchten sofort, aber oft auch erst nach einigen Jahren ein, wiederholt sich dann aber jedes Jahr aufs Neue. Zu den ausdauernden Kräutern werden Stauden und Halbsträucher gezählt, z. B. Estragon und Lavendel.

Wer für seinen Kräuterbalkon Pflanzen in der freien Natur sammeln will, muss sich zuvor vergewissern, ob diese nicht unter Naturschutz stehen. Man kann seltene und geschützte Arten aber auch in Gärtnereien beziehen und sie im eigenen Kräutergärtlein ansiedeln.

Kräuter auf dem Balkon ziehen

Damit die Kräuter auf engem Raum auch gedeihen, ist die Wahl des Standorts von besonderer Bedeutung. Anders als im Garten ist auf dem Balkon ein Ausweichen auf geeignete Plätze nicht möglich. Deshalb muss man sich bei der Auswahl der Pflanzen nach den vorgegebenen Licht- und Schattenverhältnissen richten. Ideal ist natürlich die *Südlage*, bei *Ost-* und *Westlage* reicht jedoch in der Regel eine stundenweise Lichtausbeute aus.

Damit die Wurzeln ausreichend Raum zum Wachsen haben, sollten die Kräuter in ausreichend große Gefäße gesetzt werden, Töpfe mit einem Durchmesser von mindestens 15–20 cm oder ein Balkonkasten in Standardgröße. Kleinere Kräuter brauchen mindestens 3–5 l Erdvolumen. Für Mischpflanzungen sind Töpfe und Kübel mit einem Fassungsvermögen von 10–15 l empfehlenswert. Aus welchem Material die Gefäße sind, ist eher Geschmackssache. Plastiktöpfe sind zwar leicht, dafür jedoch meist sehr dicht und undurchlässig. Schwerere Ton- oder Terrakottatöpfe lassen Luft und Feuchtigkeit besser zirkulieren und sind bei guter Qualität weitestgehend frostfest. Auch alte Holzkisten eignen

„Erdbeertopf"

In einer Pflanztasche aus
Sackleinen finden
4–6 Kräuter Platz.

sich für eine Bepflanzung. Es sollte aber stets darauf geachtet werden, dass das Gießwasser abfließen kann. Abzugslöcher in den Boden zu bohren hilft Staunässe zu vermeiden. Die Pflanzen werden dann auf einen passenden Untersetzer gestellt.

Gestalten nach persönlichem Geschmack

Der mobile Kräutergarten lässt sich immer wieder neu gruppieren. Arrangements können ausprobiert und auch wieder geändert werden. Mit neuen Farben und Kräutern sowie wechselnden Begleitpflanzen lassen sich immer wieder neue Akzente setzen. Kräuter in Kübeln können dekorativ in Stufen angeordnet werden, Pflanzgefäße aus Ton und Stein, in unterschiedlichen Größen und Formen, sind dafür besonders geeignet. Grundsätzlich lassen sich alle ein- und mehrjährigen Kräuter in Schalen, Töpfen und Trögen kultivieren. In größeren Gefäßen gedeihen sogar ausdauernde Kräuter wie Melisse, Estragon, Salbei und Ysop. Kerbel, Kresse und Dill kann man auch in Kästen aussäen. Rosmarin und Lavendel verleihen dem Topfkräutergarten mediterranes Flair. Platz lässt sich sparen, wenn man verschiedene Kräuter zusammen in ein größeres Gefäß setzt. Viele gedeihen in einer Topfgemeinschaft sogar besser als in Einzelpflanzungen, vorausgesetzt sie stellen ähnliche Ansprüche an Licht, Wasser und Nährstoffe.

- Schnittlauch, Petersilie, Kerbel, Dill und Kresse gedeihen prächtig zusammen und bevorzugen einen halbschattigen Platz. Für einen Balkonkasten von 80 cm Länge rechnet man 5–7 Pflanzen.
- Sonnenanbeter wie Rosmarin, Salbei, Thymian und Majoran brauchen ein gemeinsames Gefäß an einem vollsonnigen Standort. Durch regelmäßiges Ernten der Triebspitzen lässt sich ihr Wachstum im Zaum halten.

Wenig Platz benötigt ein sogenannter »Erdbeertopf«, bei dem man die Pflanztaschen mit verschiedenen Kräutern besetzen kann. Auch ein Kräuterregal an der Wand erweitert die Stellfläche und schafft Platz für viele Kräutertöpfe. Auf treppenförmigen Pflanzgestellen können die Pflanzen ungehindert in die Höhe wachsen.

Welche Kräuter passen zusammen?

Einjährige Kräuter müssen jedes Jahr neu gesät oder gepflanzt werden. Um die Wurzeln der umliegenden Pflanzen durch die regelmäßige Neupflanzung nicht zu beschädigen, sollten einjährige und mehrjährige Kräuter nicht gemeinsam in einen Topf, sondern getrennt gepflanzt werden. Gut vertragen sich zum Beispiel:

Basilikum, Oregano, Rosmarin
Dill, Gartenkresse, Majoran, Kerbel, Schnittlauch
Estragon, Thymian, Salbei
Kerbel, Dill, Majoran, Petersilie
Lavendel, Majoran, Rosmarin, Salbei
Oregano, Basilikum, Rosmarin, Schnittlauch.
Petersilie, Basilikum, Dill, Gartenkresse, Kerbel
Thymian, Estragon, Rosmarin, Zitronenmelisse

Kräuter pflanzen und pflegen

Der kostengünstigste Weg zum eigenen Kräutergarten ist die Aussaat, die meisten Kräuter sind als Samen erhältlich. Allerdings erfordert dies einen rechtzeitigen Saattermin und Geduld. Etwas teurer sind Jungpflanzen, sie sollten kräftig und robust sein. In Töpfe, Kübel und Balkonkästen gepflanzte Kräuter brauchen genügend Platz, um sich gut entwickeln zu können. Die Gefäße sollten am Boden ausreichend große Löcher haben, da auch Kräuter empfindlich auf Staunässe reagieren. Man legt deshalb vor dem Einfüllen der Pflanzerde Scherben alter Tontöpfe ein, um den Abfluss frei zu halten. Die meist robusten Kräuter vertragen normales Leitungswasser und nehmen auch bei einem etwas höheren Kalkanteil keinen Schaden. Allerdings sollte das Gießwasser nicht eiskalt sein, die von der Sonne angewärmten Blätter könnten mit einem Kälteschock reagieren. Am besten füllt man das Wasser in große Gießkannen ab, damit es sich erwärmen und Lufttemperatur annehmen kann. Die mediterranen Arten brauchen nur wenig Wasser und vertragen viel Sonne, andere Kräuter sollten täglich gewässert werden. Nach

Schnittlaucherernte mit
dem Messer

dem Einwachsen versorgt man die Kräuter alle 4 Wochen mit organischem, flüssigem Dünger bzw. mit Kräuter- oder Kompostauszügen. Mehrjährige Kräuter muss man von Zeit zu Zeit umtopfen.

Kräuter schneiden

Viele Kräuter kommen ohne Schnitt aus und werden nur zur Ernte geschnitten. Bei manchen aber gehört das Schneiden zu den Pflegemaßnahmen. Ohne Schnitt werden sie auf dem Balkon zu groß und unansehnlich, fallen auseinander oder gedeihen nicht gut.

- Hochwüchsige Arten sollten wiederholt zurückgeschnitten werden.
- Auch mehrjährige Kräuter, die verholzen, zum Beispiel Lavendel, benötigen einen Schnitt. Der beste Zeitpunkt dafür ist im Frühjahr und nochmals nach der Blüte im Spätsommer. Man darf nicht ins alte Holz schneiden.
- Einige Kräuter gedeihen besser, wenn man die Triebspitzen immer wieder einkürzt. Zu ihnen gehören Thymian, Rosmarin, Basilikum und Salbei.
- Grundsätzlich regt ein Schnitt die Pflanzen an, sich zu verzweigen. Sie werden dichter, bilden mehr Triebe und die Ernte fällt reichlicher aus.
- Manche Kräuter werden mit einem Schlag abgeerntet und müssen verarbeitet werden, zum Beispiel Dill und Kerbel. Die meisten aber schneidet man je nach Bedarf portionsweise.

Kräuter ernten

In der Regel werden Kräuter das ganze Jahr über frisch geerntet und gleich verwertet. Dabei ist unbedingt zu beachten, dass man die Pflanzen nicht regelrecht »plündert«, da einerseits meist mehr gepflückt wird, als verbraucht werden kann, andererseits die Gewächse dies nicht verkraften. Im Hochsommer erreichen die meisten Würzkräuter kurz vor der Blüte den Höhepunkt ihrer Reife und haben den höchsten Gehalt an ätherischen Ölen und anderen wertvollen Inhaltsstoffen. Wer jetzt erntet, gewinnt den größten Reichtum an Düften und aromatischer Würze. Blätter und Triebe sollten möglichst mit der Hand gepflückt werden. Nur bei harten Stängeln nimmt man ein scharfes Messer oder eine Schere zur Hand. Der günstigste Zeitpunkt ist der späte Vormittag an einem sonnigen Tag, die sommerliche Hitze darf die Blätter noch nicht ermattet haben, sie sollen frisch und voller Saft sein. Kräuter für den Sofortverbrauch in der Küche können während der ganzen Wachstumsperiode geschnitten werden, solange Blätter und Triebe noch grün und aromatisch sind. Anders als bei zum Konservieren bestimmten Kräutern kommt es hier nicht vorrangig auf den Zeitpunkt des höchsten Wirkstoffgehalts, sondern auf die Frische an.

Kräuter überwintern

Die meisten der Würzkräuter können den Winter im Freien bleiben. Viele mediterrane Kräuter oder Halbsträucher wie Estragon, Oregano, Salbei und Thymian kommen aber mit den Wintertemperaturen in unseren Breitengraden nicht immer problemlos zurecht. Man darf sie nur in milden Wintern an einem windgeschützten Platz auf dem Balkon lassen und sollte im Herbst Reisig bereitlegen, um die Pflanzen bei strengen Frösten abzudecken. Wer auch im Winter stets frisches Grün für die Küche ernten will, holt einige der Kräuter im Herbst ins Haus, wo sie sich in einem mäßig warmen und hellen Raum gut halten. Ob es gelingt, Kräuter im Haus zu ziehen, hängt nicht zuletzt vom richtigen Händchen bei der Pflege ab. Standort, Licht und Lufttemperatur müssen den Ansprüchen der Pflanzen genügen und es darf weder zu viel, noch zu wenig gegossen werden.

Frisch nach Rückschnitt geernteter Rosmarin und Lavendel

Mit Kräutern würzen und kochen

Wegen ihres hohen Mineralstoff- und Vitamingehalts leisten Kräuter einen wichtigen Beitrag zur gesunden Ernährung. Aber nur im frischen Zustand können sie ihr volles Aroma entfalten. Kochen mit frischen Kräutern macht Spaß und die Gerichte schmecken hervorragend. Würzte man früher meist nur mit Petersilie und Schnittlauch, so kann man heute aus dem Vollen schöpfen. Die Kunst des Kochens mit Kräutern besteht darin, je nach Gericht das passende Kraut zu verwenden und es in der richtigen Dosierung einzusetzen.

Welches Kraut passt wozu

Basilikum: zu Fisch- und Fleischgerichten, Tomatengerichten, einge-
legten Gurken, Gemüse- und Hülsenfruchtsuppen, weißen und grünen
Bohnen sowie frisch zu allen Salaten.

Dill: zu Fischgerichten, Krebsen, Salaten, Kräuterbutter, Soßen und
Suppen; die Fruchtdolden zum Einlegen von Gurken; Dillspitzen für
Fischmarinaden.

Estragon: zu Fisch, Krustentieren und Fleischgerichten, Salaten,
Suppen und Soßen.

Kerbel: zu Suppen und Soßen, Gemüse und Salaten, Rohkost,
Kräuterbutter.

Majoran: zu Kartoffelsuppe und Erbsensuppe, Gänse- und
Schweinebraten.

Oregano: Zu Tomatengerichten, Hackfleischgerichten, Suppen,
mediterranen Gemüsen; typisches Pizzagewürz.

Petersilie: zu allen salzigen Speisen, Soßen, Suppen, Kartoffeln,
Gemüse, Salaten und Teigwaren.

Rosmarin: zu Geflügel-, Fisch-, Pilz- und Kartoffelgerichten, Lamm-
und Wildfleisch.

Salbei: zu Schweine-, Kalb-, Lamm- und Kaninchenbraten,
Fischgerichten und Omeletts.

Schnittlauch: zu Eiern, Salaten, Quark, Suppen, Soßen, Kartoffelgerichten, Rohkost.

Thymian: zu Wildgerichten, Suppen, Marinaden, Soßen, Fleischteigen,
Mayonnaise, Enten- und Gänsebraten, Eintopfgerichten.

Zitronenmelisse: zu Kalb- und Lammfleisch, gebratenem Geflügel,
Fisch und Krustentieren, Bohnen und Salaten.

Saftige Obsternte aus dem Topf

Was gibt es Schöneres für den Balkongärtner, als von selbst angebauten Früchten zu naschen? Das Obstsortiment für die Kultur im Kübel ist zwar eingeschränkt, da nicht alle Gewächse langfristig im Kübel gedeihen. Doch es bleibt immer noch eine ganze Reihe von Arten übrig, mit denen sich ein kleiner Obstgarten auf dem Balkon anlegen lässt.

Topfobst anbauen und pflegen

Ein blühendes Apfelbäumchen, saftige, rote Erdbeeren, blaue Weintrauben am grünen Spalier – mit der richtigen Auswahl der Pflanzen und entsprechend optimalen Standortbedingungen lässt sich erfolgreich auch auf dem Balkon Obst anbauen und ernten. Apfel, Birne, Kirsche, Pfirsich und Aprikose gedeihen gut in Töpfen oder Kübeln, wenn man eine kleinwüchsige Sorte bzw. bei veredeltem Obst eine schwach wachsende Unterlage wählt. Sie setzen als Kübelpflanzen natürlich weniger Früchte an als Freilandpflanzen. Man kann also keine reiche Ernte erwarten, aber doch einige leckere und dekorative Früchte.

Aprikosenbaum mit Erdbeeren unterpflanzt

Auswahl und Kauf

Dank der Containerware (in Kübeln vorkultivierte Pflanzen) können Obstpflanzen fast das ganze Jahr über gekauft werden. Von Frühjahr bis Herbst steht in einem gut sortierten Gartencenter eine große Auswahl aller möglichen Obstarten mit vielen Sorten zur Auswahl. Man sollte sich jedoch nur für Arten entscheiden, die sich auch langfristig im Kübel kultivieren lassen und sich auf dem Balkon nicht allzu raumgreifend entwickeln. Deshalb kommen nur wirklich schwachwachsende Gehölze in Frage. Bei Auswahl und Kauf lässt man sich vom Fachpersonal vor Ort beraten. Am besten ist man in einer Baumschule bedient, die für eine gute Qualität garantiert. Gute Baumschulware ist deutlich ausgezeichnet. Auf dem Etikett wird neben der Sorte auch die Unterlage vermerkt und das ist entscheidend. Denn die Veredelungsunterlage dient für die gewünschte Sorte sozusagen als Wurzelstock.

Das kann eine schwachwachsende Züchtung oder auch ein starkwachsender Sämling sein. Darauf wurden Triebe oder Knospen bestimmter Sorten gepfropft oder veredelt (okuliert). Die Veredelungsstelle ist deutlich an einer Verdickung zu erkennen. Die Unterlage wirkt sich wesentlich auf den Wuchs des Gehölzes aus. Für die Kübelkultur eignen sich daher nur schwachwachsende Veredelungen. Beim Apfel sind es zum Beispiel sogenannte »Ballerinas« oder Spindelbuschbäumchen, bei der Birne Veredelungen auf Quittenunterlage.

Topfobst pflanzen

Damit der eigene Obstanbau auf dem Balkon auch von Erfolg gekrönt ist, brauchen Obstpflanzen im Topf gute Standortbedingungen, d. h. bis zu sechs Stunden Sonnenlicht am Tag. Weitere Grundvoraussetzung ist ein jeweils entsprechend großes Pflanzgefäß. Da vielleicht das ein oder andere Obstbäumchen den Winter im Freien verbringen muss, sollte dieses frostfest sein.

Äpfel und Birnen lassen sich auch leicht als lockeres Spalier aufbauen. Das Fächerspalier kann sehr schön um Balkone und Fenster herumgezogen werden. Dafür eignen sich Kirschen, Pfirsiche und Aprikosen. Die Wurzeln klein bleibender Obstbäume benötigen nur einen geringen Wurzelraum und sind mit dem Platz in einem ausreichend großen

Erdbeeren
lassen sich auch gut in
Ampeln pflanzen.

Birnen am Spalier

Pflanzgefäß zufrieden. Johannis- und Brombeeren können als Spalier gezogen werden. Erdbeeren wachsen einfach und schnell, sodass ihre Pflege und Ernte auch für Kinder zum Erlebnis wird. Da Erdbeerpflanzen wenig Wurzelraum benötigen, wachsen sie auch in Schalen, Ampeln und Balkonkästen gut und bringen dann sogar oft eine reichere Ernte ein. Denn hier können sie über die Ränder herabhängen und nach Regenschauern schneller abtrocknen. Außerdem stört im Balkonkasten kein Laub den vollen Sonnengenuss und abgefallene Früchte können sofort unbeschadet eingesammelt werden. Erdbeeren wirken einzeln, aber auch in Mischbepflanzungen mit Kräutern sehr dekorativ, ihre Ausläufer bleiben lange Zeit grün. Sie können auch abgeschnitten und eingetopft werden, damit sie dann im nächsten Jahr fruchten. Abgestorbene Blätter oder Ausläufer werden regelmäßig entfernt.

Das Substrat

Für Topfobst empfiehlt sich hochwertige und durchlässige Kübelpflanzenerde. Gehölze mit Ballen können ganzjährig gepflanzt werden. Vor dem Einpflanzen muss man den Ballen der Pflanze ausreichend wässern und darauf achten, dass beispielsweise bei Apfel oder Kirsche die Veredelungsstelle nicht mit Erde bedeckt wird. Beste Pflanzzeit für die meisten Obstbäume oder Beerensträucher ist der Herbst, man kann sie aber auch im Frühjahr setzen. Säulenobst (Äpfel) sollte gestützt werden, geeignet sind Spiralstäbe aus Aluminium, die das Anbinden ersparen sowie dünne Bambus-, Holz- oder Metallstäbe. Sie werden beim Pflanzen mit etwas Abstand zum Stängel oder Stamm möglichst tief in die Erde gedrückt. Die Pflanzen bindet man in Abständen von 20–30 cm locker an.

Topfobst richtig düngen

Da Kübelpflanzen nur ein geringes Erdvolumen zur Verfügung steht, wirkt sich eine gezielte Nährstoffversorgung günstig auf ihr Gedeihen aus, denn sie sollen ja üppig grünen, blühen und fruchten. Während der Wachstumsruhe ist die Düngung natürlich unnötig, zur Zeit des Austriebs fördern gezielte Düngergaben die Entwicklung. Der Zeitpunkt hängt auch von der Art des Düngemittels ab. Schnelllösliche Mineraldünger werden sofort nach dem Gießen wirksam und kommen in der Wachstumszeit vom Frühjahr bis zum Sommer zum Einsatz. Für Obstpflanzen empfiehlt sich eine Versorgung mit Mischdünger. Die schnelllöslichen Anteile kommen ihnen sofort zur Blütenbildung und Fruchtentwicklung zugute, die langsam wirkenden nehmen sie nach und nach auf, um Triebe auszureifen und Knospen für das nächste Jahr auszubilden. Der Gartenfachhandel bietet Fertigprodukte an, die speziell für Obstpflanzen im Kübel hergestellt werden. Die Menge lässt sich anhand der Packungsangaben bemessen, zum Beispiel 110 g/10 l Substrat. Das Topfsubstrat hat eine gewisse Speicherfähigkeit, sodass auch eine Überdüngung bei maßvollen Gaben keine Schäden verursacht.

Wann umtopfen

Obstgehölze im Kübel müssen alle 2–3 Jahre umgetopft werden. Wenn die Pflanze das Substrat völlig durchwurzelt hat, lassen sich die nötigen Nährstoffe kaum noch über die Gießkanne verabreichen. Um sie zu speichern, ist ausreichend Erde nötig. Ein völlig durchwurzelter Ballen braucht deshalb ein neues, größeres Pflanzgefäß mit frischem Substrat. Wichtig ist, dass der Wurzelballen genügend Spielraum zwischen der Wandung hat. Nur dann lässt sich das frische Substrat leicht einfüllen und festdrücken. Beim Umtopfen werden die Wurzeln des Ballens eingekürzt. Das Wasserabzugsloch im neuen Kübel wird mit Tonscherben bedeckt, darüber eine Schicht Substrat eingefüllt. Jetzt kann der Ballen in den neuen Topf gestellt und das restliche Substrat aufgefüllt werden. Die Pflanztiefe richtet sich nach dem vorherigen Stand. Der Wurzelballen darf weder zu hoch noch zu tief sitzen. Nach dem Einschlämmen mit Wasser kommt die Pflanze auf den richtigen Platz.

Der richtige Schnitt

Bereits bei der Auswahl der Obstgewächse sollte man auf spezielle Bäumchen oder Büsche achten, die sich bevorzugt für die gewünschte Erziehungsform (Bäumchen oder Busch) eignen. Für den Balkon kommen in der Regel nur strauchförmige Obstgehölze oder Bäumchen mit niedrigen Kronen in Frage.

Ein richtig geschnittener Obstbaum hat eine lichte Krone, in der alle Früchte ausreichend Licht bekommen. Mit entsprechenden Schnittmaßnahmen (Pflanz-, Erziehungs-, Erhaltungs-, Verjüngungsschnitt) lässt sich das Wachstum begrenzen und der Blütensatz fördern. Gut geschnittene Bäume werden zudem weniger von Krankheiten befallen.

Jedes gesunde Gehölz bringt nach einem Rückschnitt wieder mehr kräftige Triebe hervor. Dies lässt sich mit einem gezielten Schnitt auch bei der Erziehung von Kübelobst ausnützen. Ein junger Baum, dem

störende Zweige in Bodennähe genommen werden, legt seine Kraft in die erhalten gebliebenen Zweige. Die günstigste Zeit zum Schneiden ist im Spätwinter bzw. im zeitigen Frühjahr, wenn das Geäst noch kein Laub angesetzt hat. Kleine Korrekturen lassen sich aber auch im Sommer vornehmen. Sobald sich ein bestimmtes Kronengerüst oder Strauchwerk ausgebildet hat, lässt es sich durch Auslichten störender Triebe recht einfach im Form halten. Je nach Art müssen bei Beerenobst immer wieder vergreiste Zweige am Boden entfernt werden. Auch beim Stein- und Kernobst fördert ein maßvoller Rückschnitt alter Zweige die Verjüngung. Natürlich muss immer genügend altes Fruchtholz erhalten bleiben. Bei Kletterpflanzen (Weinrebe), die aus jungen Trieben Fruchttriebe entwickeln, darf nicht ins alte Holz geschnitten werden. Hier müssen jährlich im Spätwinter die oft meterlangen Ruten auf kurze Stummel mit wenigen Knospen eingekürzt werden.

Winterschutz für Kübelobst

Wenn es sich um *Apfel-, Birnen- oder Pflaumenbäumchen* handelt, können diese den Winter an einem geschützten Platz im Freien verbringen. Allerdings sind ihre Wurzeln in den Gefäßen von allen Seiten der Witterung stark ausgesetzt und frieren viel schneller durch als bei Obstbäumen im Garten. Daher macht es Sinn, wenn man bereits vor dem ersten Frost ein paar einfache Schutzmaßnahmen ergreift. Nach Möglichkeit sollten die Topfpflanzen windgeschützt stehen (zum Beispiel an der Hauswand). Für stürmische Herbsttage kann auch eine Standhilfe hilfreich sein, dazu eignet sich am besten eine Rankhilfe. Besonders empfindlich sind die Pflanzen an der Wurzel. Damit die Kübel im Winter nicht einfrieren, werden sie mit lichtdurchlässiger Jute, Schilf oder einer Noppenfolie ummantelt. In besonders kalten Nächten hilft zusätzlich eine Unterlage aus Styropor. Eine andere Möglichkeit ist, kleinere Töpfe in größere Kübel zu stellen und die Zwischenräume mit dämmenden Materialien auszustopfen. Die Erdoberfläche wird mit Laub oder Stroh so locker abgedeckt, dass sich die Obstbäumchen gießen lassen oder Niederschläge sie befeuchten. Staunässe muss unbedingt verhindert werden. Grundsätzlich sollten alle im Freien stehenden Pflanzgefäße auf Füßchen oder Leisten gestellt werden. Dann kann die Luft zwischen Balkonboden und Abzugsloch zirkulieren und ein Eispfropf in der Öffnung taut schneller auf.

Verschiedene Nutzpflanzen im Porträt

Das folgende Kapitel ist in die Unterkapitel

Gemüse (Seite 48),

 Kräuter (Seite 60) und

Obst (Seite 76) eingeteilt.

Die Pflanzen werden mit ihren botanischen Kennzeichen und unter den Stichworten **Standort, Anzucht und Pflanzung, Pflege, Ernte** beschrieben.

Mangold

Beta vulgaris ssp. cicla

Zweijähriges bis 50 cm hohes Blattgemüse, das in unseren Breiten meist nur einjährig kultiviert wird. Man unterscheidet den spinatähnlichen Schnittmangold und den größeren Stielmangold mit fleischigen roten oder weißen Blattstielen.

Standort

Sonnig bis halbschattig, geschützt, eher kühl.

Anzucht und Pflanzung

Vorkultur ab April, 2–3 Samen 3 cm tief in einen Topf (ø 5 cm) säen und anschließend pikieren. Für große Blätter und Stielmangold braucht eine Pflanze einen größeren Topf (ø mindestens 30 cm). Jungpflanzen Mitte Mai in Gefäße mit 2–3 l Volumen setzen und ins Freie stellen.

Pflege

Regelmäßig gießen. Nach jeder Ernte mit Flüssigdünger versorgen.

Ernte

Blattmangold schneiden, wenn die Blätter 15 cm lang sind. Immer 2–3 cm über der Erdoberfläche schneiden, damit die Pflanze nachwachsen kann. Vom Stielmangold vorsichtig die äußeren Blätter abbrechen, dann kann bis zum Herbst mehrmals geerntet werden.

Paprika, Peperoni, Chili
Capsicum annuum

Mit der Tomate verwandtes, aufrecht wachsendes, buschiges und kälteempfindliches Fruchtgemüse. Man unterscheidet großfruchtigen, milden Gemüsepaprika und schmalen, scharfen bis feuerscharfen Gewürzpaprika. Große Sortenvielfalt mit verschiedenen Formen und Farben.

Standort
Vollsonnig, warm, wind- und regengeschützt.

Anzucht und Pflanzung
Aussaat ab März bei ca. 24 °C, nach dem Aufgehen die Keimlinge pikieren und in kleine Töpfe setzen. Einige Wochen vor dem Umzug nach draußen Jungpflanzen zur Abhärtung tagsüber an einen geschützten, schattigen Platz, ab Mitte Mai bis Mitte Juni dauerhaft ins Freie stellen.

Pflege
Höher wachsende, großfrüchtige Sorten aufleiten und mit Stäben stützen, überschüssige Triebe entfernen. Niedrige Sorten buschig wachsen lassen, die erste Blüte entfernen. Gleichmäßig feucht halten, mit temperiertem Wasser gießen. Je nach Wuchsstärke alle 2–3 Wochen düngen.

Ernte
Etwa 6 Wochen nach der Pflanzung die grünen Früchte, rund 4 Wochen später die vollreifen, ausgefärbten Früchte.

Gurke
Cucumis sativus

Wärmebedürftiges Fruchtgemüse mit gelben männlichen und weiblichen Blüten. Neue, ertragssichere Sorten bilden nur noch weibliche Blüten aus, die auch ohne Bestäubung Früchte tragen. Viele Sorten der Salatgurken werden im Handel auch als veredelte Jungpflanzen angeboten.

Standort

Hell, aber nicht vollsonnig, warm und windgeschützt.

Anzucht und Pflanzung

Vorkultur ab Anfang Mai bei 20–24 °C. 2–3 Samen 3 cm tief in einen Topf von 10 cm Durchmesser geben, nur den kräftigsten Sämling stehenlassen. Jungpflanzen in flache, mindestens 10 l fassende Gefäße setzen. Nicht vor Ende Mai ins Freie stellen.

Pflege

Die meisten Gurken müssen gestützt und aufgeleitet werden. Häufig und reichlich mit nicht zu kaltem Wasser gießen, Staunässe vermeiden. Alle 2 Wochen in geringer Dosierung düngen.

Ernte

Gurken nicht zu lange an der Pflanze lassen. Der Ertrag fällt reicher aus, wenn man regelmäßig kleinere Früchte abschneidet.

Zucchini
Cucurbita pepo

Frostempfindliches, buschig und breit ausladend wachsendes Fruchtgemüse. Gelbe männliche und weibliche, trichterförmige Blüten und große, teils gemusterte Blätter. Nur weibliche Blüten (großer Fruchtknoten) bringen Früchte hervor.

Standort
Hell bis sonnig, warm und windgeschützt.

Anzucht und Pflanzung
Ab April bei 20–24 °C vorziehen, nach der Keimung auf eine Pflanze pro Topf vereinzeln und pikieren. Je größer das Pflanzgefäß, umso höher ist der Ertrag. Ab Mitte Mai Jungpflanzen in Freie stellen.

Pflege
Regelmäßig wässern, aber Staunässe vermeiden. Abflussloch im Topfboden mit Tonscherben abdecken, damit keine Erde mit ausgeschwemmt wird. Nie in geöffnete Blüten gießen, sonst entwickeln sich keine Früchte. An heißen Tagen übersprühen, um Echtem Mehltau vorzubeugen. Wöchentlich düngen.

Ernte
Etwa 6–8 Wochen nach der Pflanzung erste Früchte. Die jungen Früchte schmecken am besten, eine zeitige Ernte steigert den Ertrag. Die gelben Blüten sind ebenfalls essbar.

Pflück- und Schnittsalat

Lactuca sativa var. crispa

Pflück- und Schnittsalate eignen sich gut für die Kultur in Töpfen und Balkonkästen. Sie bilden lockere bis dichte, 15–20 cm hohe Blattrosetten und wachsen nach, wenn man sie nicht ganz aberntet. Für den Anbau auf dem Balkon empfehlen sich Arten, die keinen Kopf bilden. So lassen sich bereits nach wenigen Wochen erste frische Blätter abzupfen. Die Erntezeit einer Pflanze erstreckt sich dann über einige Monate.

Standort

Im Frühjahr und Herbst sonnig und geschützt, im Sommer halbschattig, Hitze vermeiden.

Anzucht und Pflanzung

Vorkultur ab Februar, Folgesaaten bis August möglich. *Pflücksalat* dünn aussäen und Sämlinge nach etwa 8 Tagen in kleine Töpfe (ø 4 cm) pikieren. Je nach Saison sind die Jungpflanzen nach 2–4 Wochen pflanzfertig und können ab April ins Freie. *Schnittsalat* wird breitwürfig direkt in den gewünschten Topf (ø mindestens 13 cm) gesät. Im Balkonkasten (80 cm

lang) bietet sich eine Reihensaat (2 pro Kasten) mit bis zu 8 Pflanzen an. Samen nur dünn mit Erde bedecken, bis zum Keimen gleichmäßig feucht halten. Kann ab April ins Freie gestellt werden. Bei Jungpflanzen auf kurzen, gedrungenen Wuchs achten. Setzlinge immer mit Topfballen pflanzen. Den Ballen nur zur Hälfte in das Substrat senken.

Pflege

Regelmäßig gießen, nach der Ernte maßvoll düngen. Bei Gefahr von Nachtfrösten Pflanzen mit Vlies oder Folie abdecken.

Ernte

Ab Anfang Mai bis zum ersten Frost. Beim Pflücksalat werden laufend die Außenblätter abgetrennt, innen wachsen neue Blätter nach, die Herzblätter müssen stehenbleiben. Schnittsalat wird 2–4 Wochen nach der Aussaat 2–3 cm über der Erdoberfläche abgeschnitten, treibt mehrmals neu aus.

Feuerbohne
Phaseolus coccineus

Schnellwüchsige, robuste, einjährige, frostempfindliche Schlingpflanze mit langen Ranken, dichten Blättern und prächtigen roten, gelben oder weißen Blüten, die von Juni bis September blühen. 25 cm lange, fleischige Hülsen.

Standort
Sonnig bis halbschattig, windgeschützt.

Anzucht und Pflanzung
Vorkultur ab Anfang Mai bei 20 °C. 5–6 Samen 3–4 cm tief in einen Topf mit 10 cm Durchmesser geben. Beginnen die Ranken sich zu strecken, die Pflanzen in 5–10 l Erde fassende Gefäße umsetzen. Ab Mitte Mai ins Freie stellen.

Pflege
An Stangen oder Rankgittern hochleiten. Regelmäßig, an warmen Tagen reichlich gießen, Staunässe vermeiden. Mit Blühbeginn und nach der Hülsenbildung maßvoll düngen. Bei Befall mit Schwarzer Bohnenlaus oder Roter Spinne frühzeitig Nützlinge (z. B. Schlupfwespen) einsetzen.

Ernte
Regelmäßig zweimal pro Woche junge, zarte Hülsen ernten, fördert zugleich den Blütenansatz.

Erbse
Pisum sativum

Einjährige, krautige Pflanze mit einem dünnen Haupttrieb, mehreren Seitentrieben und runden Blättern, von denen die Gipfelblättchen zu Ranken (50–120 cm) umgebildet sind. Ab Mai zeigen sich die meist weißen Blüten, aus denen die 5–10 cm langen Hülsen wachsen mit 4–10 Samenkörnern im Inneren. Von *Zuckererbsen* kann man die ganze junge Hülse genießen. *Mark-* und *Schalerbsen* liefern kleine, süße Körner.

Standort
Sonnig, nicht zu warm, luftig.

Anzucht und Pflanzung
Vorkultur ab Anfang April mit 5 Samen, die 4–5 cm tief in einen Topf mit 10 cm Durchmesser gegeben werden. Jungpflanzen einzeln oder zu zweit in große Töpfe setzen. Ab Mitte Mai ins Freie stellen.

Pflege
An Stäben, Drähten oder einem Rankgitter aufleiten. Gleichmäßig feucht halten. Maßvoll düngen.

Ernte
Je nach Sorte 8–10 Wochen nach der Aussaat, wenn sich hinter den Schoten die kleinen Erbsen abzeichnen. Bei regelmäßiger Ernte steigert sich der Ertrag.

Radieschen
Raphanus sativus

Radieschen werden einjährig kultiviert und sind wegen ihrer sehr kurzen Vegetationszeit sehr beliebt. Unter der Erde entwickeln sie je nach Sorte runde, ovale oder zylindrische, rote, weiße oder rotweiße Knollen. Die dunkelgrünen, behaarten Blätter stehen an 10–15 cm hohen Stielen.

Standort
Hell und luftig, Hitze vermeiden.

Anzucht und Pflanzung
Wegen kühlerer Temperaturen günstig im Frühjahr und Herbst. Radieschen können in jeden Topf (mindestens 15 cm hoch) und auch in Balkonkästen (zweireihig) angebaut werden. Bei einer Aussaat Anfang März kann bereits Ende April, Anfang Mai geerntet werden.

Pflege
Regelmäßig wässern, Erde darf nicht völlig austrocknen, sonst werden die Knollen pelzig und sehr scharf. Da Radieschen Schwachzehrer sind, reichen die Nährstoffreserven aus der Vorkultur aus.

Ernte
Etwa 4 Wochen nach der Aussaat, nicht zu lange warten. Immer die dicksten Knollen zuerst.

Tomate
Solanum lycopersicum

Aussehen
Frostempfindliches Fruchtgemüse mit intensiver Verzweigung und Fruchtbildung. Man unterscheidet hochwachsende Stabtomaten und niedrigwachsende Buschtomaten. Ab Mai kleine gelbe Blüten, aus denen sich zunächst grüne, später gelbe, orange oder rote Früchte entwickeln. Große Sortenvielfalt mit unterschiedlichen Formen im Handel.

Standort
Vollsonnig, warm, windgeschützt und trocken.

Anzucht und Pflanzung
Vorkultur ab März bei ca. 20 °C, möglichst dünn säen, damit sich kräftige Sämlinge entwickeln. Nach dem Aufgehen die Sämlinge in kleine Töpfe pikieren. Jungpflanzen in 5–10 l Erde fassende Gefäße setzen. Erst nach den Eisheiligen Pflanzen ins Freie stellen.

Pflege
Regelmäßig und gut wässern, nicht über die Blätter, sondern direkt an die Wurzeln gießen, leicht angewärmtes Gießwasser verwenden. Hochwachsende Sorten am Stab oder Rankgitter aufbinden. In den Blattachseln entstehende Triebe regelmäßig ausbrechen. Alle 4 Wochen mit Brennnesseljauche düngen.

Ernte
Tomaten direkt zum Verzehr fortlaufend vollreif ernten. Nur reife Früchte verzehren!

Aubergine
Solanum melongena

Frostempfindliches Fruchtgemüse, das sich zu stattlichen, ausladenden, bis 1 m hohen Pflanzen mit buschigem Wuchs entwickeln kann. Im Handel sind viele in Farbe und Form variable Sorten, die häufigste Sorte ist lilafarben. Hierzulande empfehlen sich robuste und früh reifende Sorten.

Standort
Sonnig, warm, wind- und regengeschützt.

Anzucht und Pflanzung
Vorkultur ab Ende Februar bei 22–24 °C. Jungpflanzen sollten groß und kräftig sein, in Gefäße mit 3–5 l Volumen setzen, erst nach den Eisheiligen ins Freie stellen.

Pflege
Bei starkem Wuchs Pflanze mit Rankhilfe aufbinden, sie sollte nicht mehr als 6–10 Früchte tragen, damit diese ausreifen können. Überzählige junge Früchte entfernen. Regelmäßig gießen. Alle 2 Wochen mit Flüssigdünger im Gießwasser versorgen.

Ernte
Früchte mit einem Messer oder einer Schere abschneiden, wenn sie vollständig ausgefärbt sind, eine glänzende Schale haben und sich beim Eindrücken weich anfühlen.

Spinat
Spinacia oleracea

Dankbares, frostfestes, 10–30 cm hohes Blattgemüse mit flachen Blattrosetten, das sich gut in Balkonkästen und Trögen anbauen lässt. Wächst sehr schnell an und ist schon nach wenigen Wochen erntereif.

Standort
Sonnig bis halbschattig, kühl, verträgt keine Hitze.

Anzucht und Pflanzung
Aussaat direkt in Pflanzgefäß (mindestens 30 cm tief), im Frühjahr von Mitte März bis Mitte Mai oder August bis Oktober. Für Einsteiger empfiehlt sich der Anbau im Spätsommer, der Spinat wächst dann schnell heran und kann auch den Winter über geerntet werden. Saattiefe etwa 3 cm, Abstand 10 cm, damit sich die Pflanzen gut entwickeln können.

Pflege
Gleichmäßig leicht feucht halten, nach 6 Wochen mit Flüssigdünger nachdüngen, im Winter möglichst geschützt aufstellen, bei Kälteperioden mit Vlies oder Fichtenreisig abdecken.

Ernte
Erstes Grün kann bereits nach 6 Wochen 2–3 cm über der Erdoberfläche abgeschnitten werden, treibt mehrmals aus.

Schnittlauch
Allium schoenoprasum

Schnittlauch ist eine gruppenbildende, mehrjährige Pflanze, bei der aus einer kirschkerngroßen, schlanken Zwiebel in Büscheln dünne, dunkelgrüne, hohle bis zu 30 cm hohe Röhrenblätter sprießen. An ihren Enden bilden sich ab Juli blassrote, in kopfigen Dolden stehende Blüten, die einen milden Zwiebelgeschmack haben.

Standort
Sonnig bis halbschattig.

Anzucht und Pflanzung
Zwischen März und Juli Aussaat der Samen (optimale Keimtemperatur 15 °C) oder Auspflanzen der winzigen Zwiebeln sowie im Herbst durch Teilung des Wurzelstocks. Die einzelnen Büschel werden im Abstand von 20 cm gesetzt. Im Herbst sterben die Blätter ab und treiben im Frühjahr neu aus.

Pflege
Gleichmäßig feucht halten, nach der Ernte kräftig gießen und leicht düngen.

Ernte
Die Röhrenblätter können, wenn sie 20 cm lang sind, während der Vegetationsperiode jederzeit geschnitten werden.

Dill
Anethum graveolens

Dill ist eine einjährige Pflanze, bei der aus einer dünnen Wurzel ein ca. 100 cm hoher, schlanker, hohler, hellgrüner Stängel wächst. Er ist locker mit sehr feinen, 3-fach geteilten Blättern besetzt, die aromatisch duften. An seiner Spitze bildet sich im Juli/August eine gold-grün blühende, vierstrahlige Dolde aus.

Standort
Sonnig, warm und windgeschützt.

Anzucht und Pflanzung
Dill ist ein Tiefwurzler, deshalb ein möglichst hohes Pflanzgefäß wählen, ein Balkonkasten ist eher ungeeignet. Der Topf sollte ein Abzugsloch haben, damit überschüssiges Wasser ablaufen kann. Wenn keine Fröste mehr zu erwarten sind, Samen 2 cm tief in die Erde aussäen.

Pflege
Regelmäßig ausreichend gießen, aber Staunässe vermeiden. Düngen ist nicht nötig, der Nährstoffgehalt des Substrats reicht aus.

Ernte
Je nach Bedarf frische Blätter und Triebe abknipsen. Beginnt die Pflanze zu blühen, verliert sie ihr Aroma.

Gartenkerbel

Anthriscus cerefolium

Kerbel ist eine einjährige Pflanze mit einem bis 60 cm hohen, hohlen, gefurchten, leicht behaarten Stängel, an dem zarte, hellgrüne, dreifach gefiederte, süßlich duftende Blätter sitzen. Von Mai bis August sprießen aus den Blattachseln zarte, weiße Doldenblüten. Von der Pflanze gibt es kraus- und glattblättrige Zuchtformen.

Standort
Sonnig bis halbschattig.

Anzucht und Pflanzung
Aussaat vom Frühjahr bis zum Spätsommer alle zwei Wochen, damit laufend frisch geerntet werden kann. Die Jungpflanzen werden auf 15 cm Abstand verzogen. Letztmalig kann im September ausgesät werden, sodass man im darauffolgenden Frühjahr sehr früh ernten kann.

Pflege
Regelmäßig gießen, aber Staunässe vermeiden. Eine Düngung ist nicht nötig, der Nährstoffgehalt des Substrats reicht aus.

Ernte
Die jungen Blätter haben die höchste Würzkraft kurz vor der Blüte. Man kann sie laufend zum frischen Verbrauch pflücken.

Estragon
Artemisia dracunculus

Estragon ist eine mehrjährige Pflanze mit einer aufrechten, bis 100 cm hohen, sich verästelnden Sprossachse. An ihr sitzen grüne, schmale, längliche Blätter. Beim Reiben verströmen sie einen aromatischen Duft. Der Gärtner unterscheidet Französischen, Deutschen und Russischen Estragon.

Standort
Sonnig bis halbschattig, geschützt.

Anzucht und Pflanzung
Für den Anbau auf dem Balkon empfehlen sich der Französische und der Deutsche Estragon. Am besten, man kauft Jungpflanzen beim Gärtner und setzt sie im Mai in ein ausreichend großes Pflanzgefäß mit mindestens 6 l Volumen.

Pflege
Gleichmäßig feucht halten, Staunässe vermeiden. Bis August hin und wieder mit Flüssigdünger versorgen. Im Herbst vertrocknete Triebe abschneiden.

Ernte
Je nach Bedarf werden die frischen Triebspitzen geerntet. Beim Russischen Estragon sind die Blätter kurz vor der Blüte am aromatischsten, der Französische Estragon behält sein feines Aroma den ganzen Sommer über.

Koriander
Coriandrum sativum

Koriander ist eine einjährige Pflanze, bei der aus der gebogenen, dünnen Wurzel ein bis zu 60 cm hoher, stielrunder, robuster Stängel aufsteigt. Die unteren Blätter sind langgestielt, dreilappig, die übrigen doppelt und dreifach fiederschnittig. Weiße oder rosa Einzelblüten erscheinen von Juni bis August.

Standort
Sonnig bis halbschattig.

Anzucht und Pflanzung
Ende März, Anfang April werden die Samen direkt ins Pflanzgefäß (45 breit und 25 cm tief) ausgesät, dünn mit Erde bedeckt und angegossen. Sobald die Sämlinge groß genug sind, werden sie im Abstand von 5 cm ausgedünnt.

Pflege
Die Pflanze braucht eine Stütze, sonst knickt sie ab, sobald die Samen ansetzen. Regelmäßig gießen, wenn die Erde angetrocknet ist. Alle 3–4 Wochen mit Flüssigdünger versorgen.

Ernte
Die Blätter können die gesamte Wachstumszeit über geschnitten werden. Um die Samen zu gewinnen, schneidet man die Blütenstände vor der Reife ab und hängt sie zum Trocknen auf.

Lavendel
Lavandula angustifolia

Der Lavendel ist ein mehrjähriger, winterharter, bis zu 60 cm hoher Halbstrauch. An den dicht gedrängten Stängeln sitzen lanzettliche, silbergrau schimmernde Blätter, die aromatisch duften. Die kleinen, dunkelblauen bis violettblauen Blüten (Juli/August) vereinigen sich zu einem bis zu 8 cm langen Blütenstand.

Standort
Vollsonnig, windgeschützt.

Anzucht und Pflanzung
Lavendel entwickelt ein breit verzweigtes Wurzelgeflecht und tief reichende Pfahlwurzeln und braucht deshalb ein ausreichend großes Pflanzgefäß mit Abflussloch, das mit Tonscherben abgedeckt wird.

Pflege
Regelmäßig wässern, Staunässe vermeiden. Im ersten Jahr muss man den Blütenansatz abschneiden, damit die Pflanze buschiger wächst. Um die Pflanze in Form zu halten, wird sie jedes Jahr im Frühjahr geschnitten, ohne das alte Holz einzubeziehen.

Ernte
Die Blüten werden gepflückt, sobald sie sich öffnen. Zum Trocknen bindet man sie zu Sträußen zusammen und hängt sie kopfüber auf.

Gartenkresse
Lepidum sativum

Die Gartenkresse ist eine einjährige, etwa 50 cm hohe Pflanze mit kahlen, bläulich grünen, nach oben verzweigten Stängeln. An ihnen sitzen kleine, hellgrüne, wechselständige Blätter. Die winzigen, zwittrigen, weißen bis rosa Blüten erscheinen im Juli.

Standort
Sonnig bis halbschattig.

Anzucht und Pflanzung
Aussaat ins Freie ab Anfang März im Reihenabstand von 15 cm. Samen gut andrücken und nur ganz dünn mit Erde bedecken (Lichtkeimer). Bei einer Mindesttemperatur von 6 °C beträgt die Keimzeit 4–8 Tage, bei mehr als 20°C nur einen Tag. Um laufend ernten zu können, muss alle 10 Tage gesät werden. Letzte Freilandaussaat ist Ende September.

Pflege
Die anspruchslose Pflanze muss nur regelmäßig gewässert werden.

Ernte
Man erntet fortlaufend die frischen Blätter, wenn die Pflanzen ca. 6 cm hoch sind. Zum Trocknen eignen sie sich nicht. Im Winter lässt sich die Kresse in einer Keimbox auf der Fensterbank leicht zum Keimen bringen.

Zitronenmelisse
Melissa officinalis

Die Melisse ist eine mehrjährige, winterharte, buschige Staude mit einem flach wachsenden, weit verzweigten Wurzelstock. Aus ihm steigen vierkantige, leicht behaarte Stängel bis zu 1 m hoch. Die hellgrünen Blätter sind eiförmig und am Rand grob gesägt. In den Blattachseln sitzen unscheinbare, blassgelbe Blüten (Juli/August).

Standort
Sonnig bis halbschattig, windgeschützt.

Anzucht und Pflanzung
Aussaat in Kisten oder Schalen im März oder April bei 15–20°C. Nur dünn mit Erde abdecken. Keimzeit 3–4 Wochen. Die Jungpflanzen können nach etwa 6 Wochen in einem großen Topf (mindestens 5 l) ins Freie gesetzt werden.

Pflege
Anfangs die Jungpflanzen stets feucht halten, später nur bei Trockenheit wässern. Von April bis August alle 2–3 Wochen mit organischem Dünger versorgen.

Ernte
Von Frühjahr bis Herbst können die zarten, jungen Blätter und Triebe frisch geerntet werden. Kurz vor der Blüte ist die Würzkraft am stärksten.

Pfefferminze
Mentha x piperita

Die Pfefferminze ist eine ausdauernde, krautige, aromatisch duftende Pflanze mit unterirdischen Ausläufern oder Rhizomen. Die aufrechten, bis 80 cm hohen, rötlich überlaufenen Stängel können verzweigt sein. Die gegenständigen Laubblätter haben meist einen gezähnten oder gesägten Rand. Die Blüten (Juli bis Oktober) sind in Scheinquirlen angeordnet.

Standort
Sonnig bis halbschattig, windgeschützt.

Anzucht und Pflanzung
Jungpflanzen kaufen und in ein großes Pflanzgefäß (mindestens 3 l) setzen. Da sich die Wurzeln schnell ausbreiten, sollte rings um die Pflanze eine Wurzelsperre ca. 30 cm tief in die Erde eingelassen werden, um ein ungehemmtes Wachstum zu verhindern.

Pflege
Gleichmäßig feucht halten, aber Staunässe verhindern. Einmal jährlich mit organischem Dünger versorgen.

Ernte
Frische Blätter und Triebspitzen können während des ganzen Sommers gepflückt werden, kurz vor der Blüte haben sie den höchsten Aromagehalt.

Basilikum
Ocimum basilicum

Basilikum ist ein einjähriges, sehr aromatisches, 20–40 cm hohes Kraut. Die buschig wachsende Pflanze hat gestielte, eiförmige, hellgrüne Blätter und trägt in den Triebspitzen kleine, cremeweiße bis rötliche Blüten (Juli bis September) in endständigen Ähren.

Standort
Vollsonnig, warm, wind- und regengeschützt.

Anzucht und Pflanzung
Die frostempfindliche Pflanze zieht man am besten im Frühbeetkasten vor. Die Aussaat erfolgt Ende März in Saatschalen, die Samen nur leicht mit Erde bedecken (Lichtkeimer). Ausgepflanzt ins Freie wird ab Mitte Mai. Danach empfiehlt sich eine Vlies- oder Folienabdeckung, um die Pflanzen vor kalten Nächten zu schützen.

Pflege
Regelmäßig wässern, Erde nie austrocknen lassen. Hin und wieder mit organischem Flüssigdünger versorgen.

Ernte
Geerntet werden den ganzen Sommer über die frischen Blätter und jungen Triebe. Man schneidet die Stängel kurz vor der Blüte eine Handbreit über dem Boden ab, sodass die Pflanze neu austreiben kann.

Majoran

Origanum majorana

Majoran ist eine ausdauernde Staude, wird aber in unseren Breiten oft nur als einjährige Pflanze kultiviert. Die hellgrünen, runden, gegenständigen Laubblätter duften aromatisch. Die kleinen, weißen, lila- oder rosafarbenen Blüten (Juni bis September) sitzen in kompakten, fast kugeligen Blütenständen.

Standort
Sonnig, warm, geschützt.

Anzucht und Pflanzung
Die Pflanzen werden aus Samen gezogen, ab März im Zimmer vorkeimen. Ab Ende April pikieren, im Abstand von 20 cm im Topf aussäen, nur leicht mit Erde bedecken (Lichtkeimer).

Pflege
Regelmäßig gießen, aber Staunässe vermeiden. Bei Kälteperioden schützen. Um die Blattbildung anzuregen, laufend die Blütenknospen zurückschneiden. Sparsam düngen (alle 60 Tage).

Ernte
Blätter und Triebspitzen zum Sofortverbrauch schneidet man laufend, zum Trocknen vor oder spätestens während der Blüte, weil das Kraut dann die meisten Aromastoffe enthält. Man bündelt die Stängel und hängt sie kopfüber auf.

Oregano
Origanum vulgare

Die mehrjährige, winterharte Pflanze wächst bis zu 50 cm hoch. Die aufrechten, gegenständig stehenden, ovalen Stängel sind oft rötlich gefärbt und verdorren in der vollen Sonne. Die grünen Blätter riechen leicht aromatisch. Ab Juli rosarote Blüten.

Standort
Vollsonnig, warm und windgeschützt.

Anzucht und Pflanzung
Aussaat der Samen ab April auf der Fensterbank. Einfacher ist es, Jungpflanzen in der Gärtnerei zu kaufen und in ein großes Pflanzgefäß (mindestens 3 l Volumen) im Abstand von 25 cm zu setzen.

Pflege
Gießen, wenn sich die Oberfläche der Erde trocken anfühlt, in den warmen Sommermonaten täglich. Sparsam düngen. Im Frühjahr die Pflanze bis dicht über dem Boden zurückschneiden.

Ernte
Die Ernte ist während des Sommers am ergiebigsten, in der Blütezeit hat das Kraut seine größte Würzkraft. Zum Ende der Wachstumsphase schneidet man es handhoch über der Erde ab und hängt es zum Trocknen in einen luftigen Raum.

Petersilie
Petroselinum

Die Petersilie ist eine zweijährige Pflanze, die im ersten Jahr aus einer kräftigen Wurzel eine 20–30 cm hohe Rosette aus langgestielten, mehrfach gefiederten Blättern treibt. Im zweiten Jahr erscheinen 60 cm hohe Blütenstängel (Juni/Juli) mit unscheinbaren, gelblich-grünen Dolden. Danach stellt die Pflanze das Blattwachstum ein. Die Krause Petersilie (*P. crispum*) hat hellgrüne Blätter mit krausen, gezähnten Rändern, die Glatte Petersilie (*P. crispum hortense*) trägt dunkelgrüne Blätter.

Standort
Sonnig bis halbschattig.

Anzucht und Pflanzung
Petersilie auszusäen verlangt wegen der langen Keimzeit (5 Wochen) Geduld. Am einfachsten ist es, ab Mitte Mai Jungpflanzen zu kaufen und direkt in ein größeres Pflanzgefäß zu setzen.

Pflege
Nur sehr sparsam gießen und düngen, »Daumenprobe« machen, Staunässe unbedingt vermeiden.

Ernte
Ganzjährig frisch, Blätter von außen nach innen abpflücken. Den mittleren Teil der Petersilie stehenlassen, damit weitere Triebe nachwachsen können.

Rosmarin
Rosmarinus officinalis

Der Rosmarin ist ein immergrüner, dicht verzweigter Strauch, bei dem die Äste auf einer verholzten Wurzel stehen. Aus ihnen wachsen im Frühjahr hellgrüne Triebe mit graugrünen, nadelartigen, derben Blättern. In den Blattachseln entwickeln sich im Mai/Juni viele Kurztriebe, an denen blaue, weiße oder rosa Blüten eine Art Krone bilden.

Standort
Sonnig und geschützt

Anzucht und Pflanzung
Die Vermehrung erfolgt durch Aussaat im Frühjahr. Einfacher ist die Pflanzung von Kopfstecklingen im Sommer, die im Frühherbst geschnitten wurden. Die Jungpflanzen werden im Abstand von 40–100 cm gesetzt.

Pflege
Während der Vegetationsphase häufiger, aber nicht zu üppig gießen, Staunässe vermeiden, sparsam düngen. Überwinterung an einem hellen, kühlen Platz im Haus.

Ernte
Frische Blätter und junge Triebspitzen können das ganze Jahr über, auch im Winterquartier, geerntet werden.

Salbei
Salvia officinalis

Der Salbei ist ein ausdauernder, 30–60 cm hoher, aromatisch duftender Halbstrauch. Aus einer tief reichenden, teils verholzten Pfahlwurzel steigt ein verzweigter, vierkantiger, graufilzig behaarter Stängel auf. Die elliptischen, unterseits feinrunzligen Blätter variieren in der Farbe ebenso wie im Geschmack. An den Enden der Triebe sitzen blauviolette, lockere Blüten (Juli/August), die eine große Anziehungskraft auf Bienen ausüben.

Standort
Sonnig, warm und windgeschützt.

Anzucht und Pflanzung
Die Aussaat ist im Frühjahr möglich, einfacher ist es, Jungpflanzen zu kaufen und sie in ein großes Pflanzgefäß (Volumen mindestens 5 l) zu setzen.

Pflege
Mäßig gießen, Staunässe vermeiden. Damit der Strauch kräftig wächst, sollte er im Spätsommer nach der Blüte gestutzt werden. Ausgewachsene Pflanzen im Frühjahr kräftig zurückschneiden.

Ernte
Für den Sofortverbrauch können die Blätter laufend geerntet werden.

Thymian
Thymus vulgaris

Der Gartenthymian ist ein mehrjähriger, immergrüner, bis 40 cm hoher, stark verästelter, aromatisch riechender Halbstrauch. An den holzigen, behaarten Ästen sitzen winzige, oberseits graugrüne, kreuzständig stehende Blättchen. Von Mai bis September erscheinen an den Zweigenden rosa Blüten.

Standort
Sonnig bis halbschattig, warm und geschützt.

Anzucht und Pflanzung
Thymian lässt sich aus Samen anziehen, einfacher jedoch ist es, im Mai Jungpflanzen zu kaufen und sie in ein größeres Pflanzgefäß (Volumen mindestens 3 l) zu setzen.

Pflege
Regelmäßig gießen und von Zeit zu Zeit maßvoll düngen, Staunässe vermeiden. Entfernt man die welken Blätter regelmäßig und schneidet die Pflanze nach der Blüte leicht zurück, dankt sie es mit vermehrtem, dichtem Wachstum.

Ernte
Zum Sofortverbrauch können Thymianblätter das ganze Jahr über frisch geerntet werden. Zum Trocknen schneidet man ganze Zweige ab, bindet sie zusammen und hängt sie an einem luftigen, schattigen Platz auf.

Zitruspflanzen
Citrus

Alle Arten und Züchtungen sind immergrüne Gehölze mit ledrigen Blättern, selbstfruchtbaren, intensiv duftenden, weißen Blüten und gelben oder orangen Früchten. Für die Kübelkultur eignen sich vor allem Zitrone (*C.* x *limon*) und Mandarine (*C. reticulata*). Da Zitruspflanzen nicht winterhart sind, muss im Haus ein geeignetes Winterquartier zur Verfügung stehen.

Standort

Sonnig, warm und windgeschützt, im Winter an einem hellen, frostfreien, kühlen Platz.

Anbau und Pflanzung

Den Ballen der in einem Kunststofftopf kultivierten Pflanze vorsichtig herausziehen, damit die Wurzeln nicht beschädigt werden, und in das Pflanzgefäß einsetzen. Vor dem Pflanzen über das Abzugsloch eine Tonscherbe legen und eine 5 cm hohe Drainageschicht aus Kies einbringen. Den Zwischenraum mit Erde auffüllen und andrücken.

Pflege

Mäßig gießen (2–3mal die Woche). In der Vegetationszeit regelmäßig mit Zitrusdünger versorgen.

Ernte

Von der Blüte bis zur reifen Frucht dauert es 6–9 Monate.

Erdbeere
Fragaria vesca

Mehrjährige, ausläufertreibende Staude mit drei-teiligen, gezähnten Blättern, weißen Blüten und roten Früchten. Die Fruchtstände hängen nach dem Fruchtansatz herunter. Großfrüchtige und klein-früchtige Monatserdbeeren (*F. vesca* var. *hortensis).*

Standort
Sonnig bis halbschattig.

Anbau und Pflanzung
Zwischen Mitte März und Mitte Mai oder Juli und Anfang September Jungpflanzen entweder einzeln in Töpfe (25 cm Durchmesser) oder im Abstand von 30 cm in einen Balkonkasten setzen. Nicht zu tief pflanzen, die Ausläufer (Rhizome) sollten nur leicht mit Erde bedeckt sein.

Pflege
Direkt nach der Pflanzung kräftig gießen, danach gleichmäßig feucht halten. Mit speziellem, orga-nischem Langzeitdünger versorgen. Im Herbst die Staude kräftig zurückschneiden und die Ausläufer abtrennen. Die Pflanzgefäße im Winter mit Jute und Laub isolieren.

Ernte
Regelmäßig die reifen, gut ausgefärbten Früchte mitsamt dem Fruchtkelch am Stiel pflücken.

Apfel
Malus domestica

Für die Kübelkultur eignen sich nur schwachwachsende Apfelzüchtungen (Ballerinas), die kein Geäst entwickeln, sondern nur ein schwaches Stämmchen, das direkt Fruchtknospen oder kurzes Fruchtholz hervorbringt. Auch Spindelbuschbäumchen lassen sich im Topf kultivieren. Das sind auf ausgewählten Unterlagen veredelte Züchtungen.

Standort
Sonnig, windgeschützt.

Anbau und Pflanzung
Containerpflanzen können jederzeit auf den Balkon geholt werden. Damit die Kultur sicher gelingt, sollten sie dann in größere Gefäße (mindestens 25 l) gesetzt werden.

Pflege
Regelmäßig gießen, Erde nie austrocknen lassen. Im Sommer alle 2 Wochen düngen. Ein besonderer Schnitt ist nicht nötig, es reicht aus, den Baum regelmäßig auszudünnen (nach der Blüte) und dabei alte und störende Triebe zu entfernen. Im Winter die Wurzeln vor Frost schützen.

Ernte
Ende September, Anfang Oktober sind die Früchte erntereif.

Aprikose
Prunus armeniaca

Der Zwerg-Aprikosenbaum ist ein kleiner, bis 120 cm hoher Baum mit sparrigem Geäst, frosthartem Holz und früher Blüte. Im Handel sind vorwiegend selbstfruchtbare Sorten. Vor dem Laubaustrieb im März/April erscheinen weiße bis blassrosa Blüten. Leuchtend gelbe, oft rot überlaufene, samtige, kugelige Früchte reifen im Juli/August, meist ab dem 2. Standjahr.

Standort
Vollsonnig bis halbschattig, warm und windgeschützt.

Anbau und Pflanzung
Für die Kultur im Kübel kommen nur Veredelungen in Frage. Jungpflanzen im Container setzt man im Frühjahr in ein möglichst großes Gefäß (5–7 l).

Pflege
Nur in der Anwachsphase gießen, an warmen Sommertagen ausreichend wässern. Im Frühjahr mit Langzeitdünger versorgen. Anfangs die Haupttriebe nach der Ernte um etwa ein Drittel kürzen.

Ernte
Mitte bis Ende Juli vollreife Früchte ernten, öfter durchpflücken.

Sauerkirsche
Prunus cerasus

Säulenkirschen sind keine eigene botanische Art, sondern schmale und kleinwüchsige Zuchtformen, die sich vor allem auch für die Kultur im Kübel eignen. Viele Sorten sind selbstfruchtend. Bei der Züchtung werden Auslesen mit starkem, geradem Haupttrieb und kurzen Seitentrieben auf schwachwachsenden Unterlagen veredelt.

Standort
Sonnig bis halbschattig, luftig.

Anbau und Pflanzung
Neu gekaufte Jungbäume im Container in ein großes Pflanzgefäß (Volumen 30 l) setzen. Die Verede-lungsstelle muss etwa 10 cm über der Erde bleiben. Ein erneutes Umtopfen ist erst nach 5 Jahren fällig; gelegentlich frische Erde auffüllen.

Pflege
Regelmäßig gießen, Staunässe vermeiden. Bei der Pflanzung Langzeitdünger einarbeiten. Nach der Ernte die abgetragenen Fruchtholztriebe einkürzen, um die Triebbildung und Blühfreudigkeit zu fördern und zu erhalten.

Ernte
Im Juni/Juli vollreife Früchte mit Stiel pflücken.

Pflaume
Prunus domestica

Unter dem Begriff Pflaume werden auch Zwetschgen, Mirabellen und Renekloden zusammengefasst. Die robusten Steinobstgewächse eignen sich als Zwergsorten auch für die Kultur im Kübel. Der Zwerg-Pflaumenbaum wächst maximal 120 cm hoch und lässt sich durch regelmäßigen Schnitt klein und kompakt halten. Ende April/Anfang Mai erscheinen erste Blüten, Früchte Ende Juli bis Mitte August, Fruchtbildung ab dem 2. Standjahr möglich.

Standort
Sonnig und windgeschützt.

Anbau und Pflanzung
Selbstfruchtbare Sorten werden als zweijährige Containerpflanzen geliefert und im Frühjahr in frostfeste, geräumige Kübel eingetopft.

Pflege
Bei Trockenheit zur Blüte- und Fruchtzeit kräftig gießen. Bis Anfang August alle zwei Wochen mit Flüssigdünger versorgen. In kalten Wintern mit Winterschutz versorgen.

Ernte
Ein bis zwei Wochen nach der vollen Ausfärbung der Früchte.

Pfirsich
Prunus persica

Für den Anbau auf dem Balkon eignen sich vorwiegend Zwerg-Pfirsichbäume mit selbstfruchtbaren Sorten, zum Beispiel »Peach Me Yellow«. Durch die kleinbleibende, gedrungene Wuchsform eignet sich die Sorte perfekt für die Kultivierung im Kübel. Gleichmäßig verzweigt und nur langsam wachsend wird sie maximal 100 cm hoch. Ab März zeigen sich die ersten einfachen, weißen, rosa angehauchten Blüten. Von Juni bis September trägt der Baum runde, leicht behaarte Früchte mit saftigem, gelbem Fruchtfleisch.

Standort
Sonnig und geschützt.

Anbau und Pflanzung
Im Frühjahr veredelte Jungpflanzen bestimmter Sorten kaufen und wegen der Frostempfindlichkeit in einen geräumigen, frostfesten Kübel eintopfen.

Pflege
Gleichmäßig feucht halten, bei Trockenheit zur Blüte- und Fruchtzeit reichlich wässern. Im Frühjahr mit Langzeitdünger versorgen. Regelmäßiger Schnitt fördert eine kräftige Verzweigung. In rauen Regionen für guten Winterschutz sorgen.

Ernte
Voll ausgereifte Früchte frisch ernten.

Birne
Pyrus communis

Für die Pflanzung im Topf eignen sich schwach-wachsende Veredelungen auf Quittenunterlage. Auch Birnbäume im Topf brauchen einen anderen Birnbaum zur Befruchtung. Sonst werden die Blüten nicht bestäubt und bringen keine Früchte hervor.

Standort
Sonnig und windgeschützt.

Anbau und Pflanzung
Pflanzung vorzugsweise von Containerpflanzen, die schon vorgezogen sind. Am besten zwei Birnensorten, die gleichzeitig blühen, in große Kübel setzen.

Pflege
Durch die Erziehung eines symmetrischen Kronengerüsts in den ersten Jahren erhält man die gewünschte Kronenform. Später werden nur noch zu eng stehende Triebe oder vergreistes Holz entfernt. Während der Wachstumsphase regelmäßig wässern und düngen. Im Winter mit Frostschutz versorgen.

Ernte
Haben sich die Birnen sortentypisch ausgefärbt, lassen sie sich leicht pflücken. Herbstbirnen müssen noch 2–3 Wochen nachreifen, damit sie ihr volles Aroma entfalten.

Johannisbeere

Ribes rubrum, R. nigrum

Kleine, mehrjährige, frostfeste, robuste 1–2 m hohe buschige Sträucher oder Hochstämmchen mit selbstfruchtbaren weißen Blüten und in Trauben hängenden roten oder schwarzen Beeren in vielen Züchtungen.

Standort

Sonnig bis halbschattig, windgeschützt.

Anbau und Pflanzung

Bei Jungpflanzen in Containern vor dem Einpflanzen unbedingt den Wurzelballen aufreißen, damit sich sofort neue Wurzeln bilden können. In ein großes Gefäß (Volumen mindestens 20 l) setzen.

Pflege

Vor allem zur Blüte- und Fruchtzeit gleichmäßig feucht halten. Beim Einpflanzen vor und nach der Blüte mit speziellem Beerendünger versorgen. Wichtig für das Wachstum neuer Triebe ist ein jährlicher kräftiger Rückschnitt (20–30 Prozent der Äste bis auf 5 cm). Überwintern im Freien an einem schattigen Platz.

Ernte

Im Juli voll ausgereifte Früchte am besten als ganze Beerentrauben abschneiden.

Brombeere
Rubus fruticosus

Die Brombeere ist ein bis zu 2 m hoher Halbstrauch mit bewehrten und unbewehrten Trieben, grünen, gefiederten Blättern, weißen Blüten (Mai) und glänzend schwarzen Früchten (ab August). Für den Anbau auf dem Balkon eignen sich hoch aufrecht wachsende Sorten, die ihre Früchte an kürzeren Ranken tragen.

Standort
Vollsonnig, warm und windgeschützt.

Anbau und Pflanzung
Im Frühjahr Containerpflanzen in frostfeste, geräumige Gefäße einsetzen. Aufrechte Sorten an Pflanzstäben, rankende an Drahtgerüsten hochziehen. Gelegentlich umtopfen.

Pflege
Regelmäßig feucht halten, Staunässe vermeiden. Bei der Pflanzung Beerendünger in die Erde einarbeiten, nach der Ernte nochmals maßvoll nachdüngen. Regelmäßiges Ausdünnen fördert die Verjüngung, Schnitt nach der Ernte. Immergrüne Sorten auch im Winter gießen. Winterschutz anbringen.

Ernte
Von Ende Juli bis Oktober vollreife Früchte ernten.

Himbeere
Rubus idaeus

Ausläufer treibender, mehrjähriger, bis 2 m hoher Halbstrauch mit zahlreichen feinen Dornen an den Ästen (Ruten), roten oder rosa Früchten. Spezielle Züchtungen für den Anbau auf kleinem Raum. Sommer- und Herbsthimbeeren unterscheiden sich in der Erntezeit. Himbeeren brauchen einiges an Platz, der Balkon sollte groß genug sein.

Standort
Sonnig, warm und windgeschützt.

Anbau und Pflanzung
Herbsttragende Sorten eignen sich am besten für die Kübelkultur. Das Pflanzgefäß muss mindestens ein Fassungsvermögen von 20 l haben, massiv und frostfest sein. Ab 1 m sollte die Himbeerpflanze zur Stütze an Pflanzstäbe gebunden werden.

Pflege
Gleichmäßig feucht halten, Staunässe vermeiden. Im Frühjahr und nach der Ernte mit speziellem Beerendünger versorgen. Herbsthimbeeren direkt nach der Ernte komplett herunterschneiden. Im Winter Frostschutz anbringen.

Ernte
Von August bis Oktober die voll ausgereiften Früchte ernten.

Weinrebe
Vitis vinifera

Starkwüchsige Kletterpflanze mit Ranken, selbstfruchtbaren Blüten im Juni und Früchten im Spätsommer. Für die Kultivierung im Kübel eignen sich nur Sorten von Tafeltrauben.

Standort
Sonnig bis halbschattig, warm und geschützt.

Anbau und Pflanzung
Ideale Pflanzzeit ist Anfang April bis Mitte Mai. Jungreben im Container in einen großen Kübel (Volumen mindestens 20 l) mit Wasserablauf umsetzen. Eine Drainage aus Tonscherben oder Kieselsteinen über dem Wasserablauf anlegen. Die Weinrebe so einpflanzen, dass die Veredelungsstelle 4–5 cm über der Erde liegt. An einem Pflanzstab oder Spalier hochziehen.

Pflege
Regelmäßig gießen, die Erde nie austrocknen lassen. Von April bis September alle 2–3 Wochen mit organischem Flüssigdünger versorgen. Im Frühjahr Erziehungsschnitt, im Sommer Rückschnitt der Fruchttriebe und Freischneiden der Trauben.

Ernte
Nach Ausfärben der Trauben kosten, ob sie reif sind. Dann die Fruchtstände ganz abschneiden.

Arten- und Sachregister

A

Allium schoenoprasum 60
Anethum graveolens 61
Anthriscus cerefolium 62
Apfel 40ff., 45, 78
Aprikose 40f., 79
Artemisia dracunculus 63
Aubergine 22, 27, 58
automatische Bewässerung 19

B

Ballerinas 41, 79
Basilikum 11, 30, 33, 34, 37, 69
Beta vulgaris ssp. cicla 46
Birne 40f., 45, 83
Blattgemüse 27
Brombeere 41, 85

C

Capsicum annuum 49
Chili 49
Citrus 76
Containerware 40
Coriandrum sativum 64
Cucumis sativus 50
Cucurbita pepo 51

D

Depotdünger 26f.
Dill 30, 32ff., 37, 61
Drainage 19

E

Einheitserde 18
einjährige Kräuter 30
Erbse 24, 27, 55
Erdbeere 40ff., 77
Erdbeertopf 32
Estragon 30, 32f., 35, 37, 63

F

Feuerbohne 24, 54
Flüssigdünger 27
Fragaria vesca 77
Fruchtgemüse 25, 27

G

Gartenkerbel 30, 32ff., 37, 62
Gartenkresse 30, 32f., 62
Gießkannen 14
Gurke 22, 25, 27, 37, 50

H

Halterungen 14
Himbeere 86
Holzkästen 16

J

Johannisbeere 84

K

Kerbel 30, 32ff., 37, 62
Kleinklima 10
Klimabedingungen 10
Kokosfasertöpfe 14
Koriander 64
Kresse 30, 32f., 62
Kunststoffgefäße 16

L

Lactuca sativa 52
Langzeitdünger 27
Lavandula angustifolia 65
Lavendel 30, 32ff., 65
Lepidum sativum 66

M

Majoran 30, 32f., 37, 70
Malus domestica 78
Mangold 27, 48

Impressum

ISBN 978-3-8094-4318-6

2. Auflage
© 2021 by Bassermann Verlag,
einem Unternehmen der Penguin Random House Verlagsgruppe GmbH,
Neumarkter Straße 28, 81673 München

Jegliche Verwendung der Texte und Bilder,
auch auszugsweise, ist ohne Zustimmung des Verlages
urheberrechtswidrig und strafbar.

Sollte diese Publikation Links auf Webseiten Dritter enthalten,
so übernehmen wir für deren Inhalte keine Haftung,
da wir uns diese nicht zu eigen machen, sondern lediglich
auf deren Stand zum Zeitpunkt der Erstveröffentlichung verweisen.

Projektleitung: Dr. Iris Hahner
Layout: Angelika Tröger, Claudia Scheike
Satz: Buch-Werkstatt GmbH, Bad Aibling
Redaktion und Bildredaktion: Verlagsbüro Kopp, München
Umschlaggestaltung: Atelier Versen, Bad Aibling
Herstellung: Claudia Scheike

Fotos: Steinberger: 16, 17, 24 (l.), 32 (u.), 48, 49, 50, 51, 52, 53, 54, 55, 56, 57, 58, 59, 60, 63, 64, 65, 66, 67, 68, 69, 70, 71, 72, 73, 74, 75, 76, 77, 78, 80, 81, 82, 83, 84, 85, 87; Strauß: 2, 4, 5, 6, 8, 11, 12, 15, 18, 19, 20, 22, 23, 24 (r.), 25, 26, 27, 28, 30, 31, 34, 35, 38, 40, 42, 44, 45, 46, 62, 79; Verlagsbüro Kopp: 32 (o.), 36, 41, 61, 86

Die Ratschläge und Informationen in diesem Buch sind von Autorin und Verlag
sorgfältig erwogen und geprüft, dennoch kann eine Garantie nicht übernommen werden.
Die Haftung der Autorin bzw. des Verlags und seiner Beauftragten für Personen-,
Sach- und Vermögenschäden ist ausgeschlossen.

Penguin Random House Verlagsgruppe FSC® N001967

Druck und Bindung: PBTisk, a.s., Pribram

Printed in the Czech Republic

Von Fetthenne über Lavendel bis Sonnenhut

80 Seiten, durchgehend farbig bebildert
ISBN 978-3-8094-3590-7

112 Seiten, durchgehend farbig bebildert
ISBN 978-3-8094-4092-5

Garten, Balkon oder Terrasse lassen sich in eine üppige Bienenweide verwandeln. Welche Gewächse dafür besonders geeignet sind und wie man sie anpflanzt und pflegt, zeigt dieser Ratgeber.

Es gibt zahlreiche Pflanzen mit wenig Wasserbedarf. Dieses Buch informiert über den Pflegebedarf dieser Pflanzen, zeigt Beispiele für Trockengärten und porträtiert über 60 der schönsten, meist auch bienenfreundlichen Spezialisten für heiße und trockene Standorte.

Besuchen Sie uns auch auf

Bassermann
www.bassermann-verlag.de